배울수록 더 강해지는
인공지능

인공지능

1판 5쇄 발행   2025년 5월 1일

글쓴이	김다해
그린이	이현정
편집	이용혁 이정희 이순아
디자인	문지현 오나경
펴낸이	이경민
펴낸곳	㈜동아엠앤비
출판등록	2014년 3월 28일(제25100-2014-000025호)
주소	(03972) 서울특별시 마포구 월드컵북로22길 21, 2층
홈페이지	www.moongchibooks.com
전화	(편집) 02-392-6901 (마케팅) 02-392-6900
팩스	02-392-6902
전자우편	damnb0401@naver.com
SNS	

ISBN 979-11-6363-322-8 (74400)

※ 책 가격은 뒤표지에 있습니다.
※ 잘못된 책은 구입한 곳에서 바꿔 드립니다.
※ 이 책에 실린 사진은 위키피디아, 셔터스톡에서 제공받았습니다.

 도서출판 뭉치는 ㈜동아엠앤비의 어린이 출판 브랜드로, 아이들의 지식을 단단하게 만들어 주고, 아이들의 창의력과 사고력을 키워 주어 우리 자녀들이 융합형 창의 사고뭉치로 성장할 수 있도록 좋은 책을 만들겠습니다.

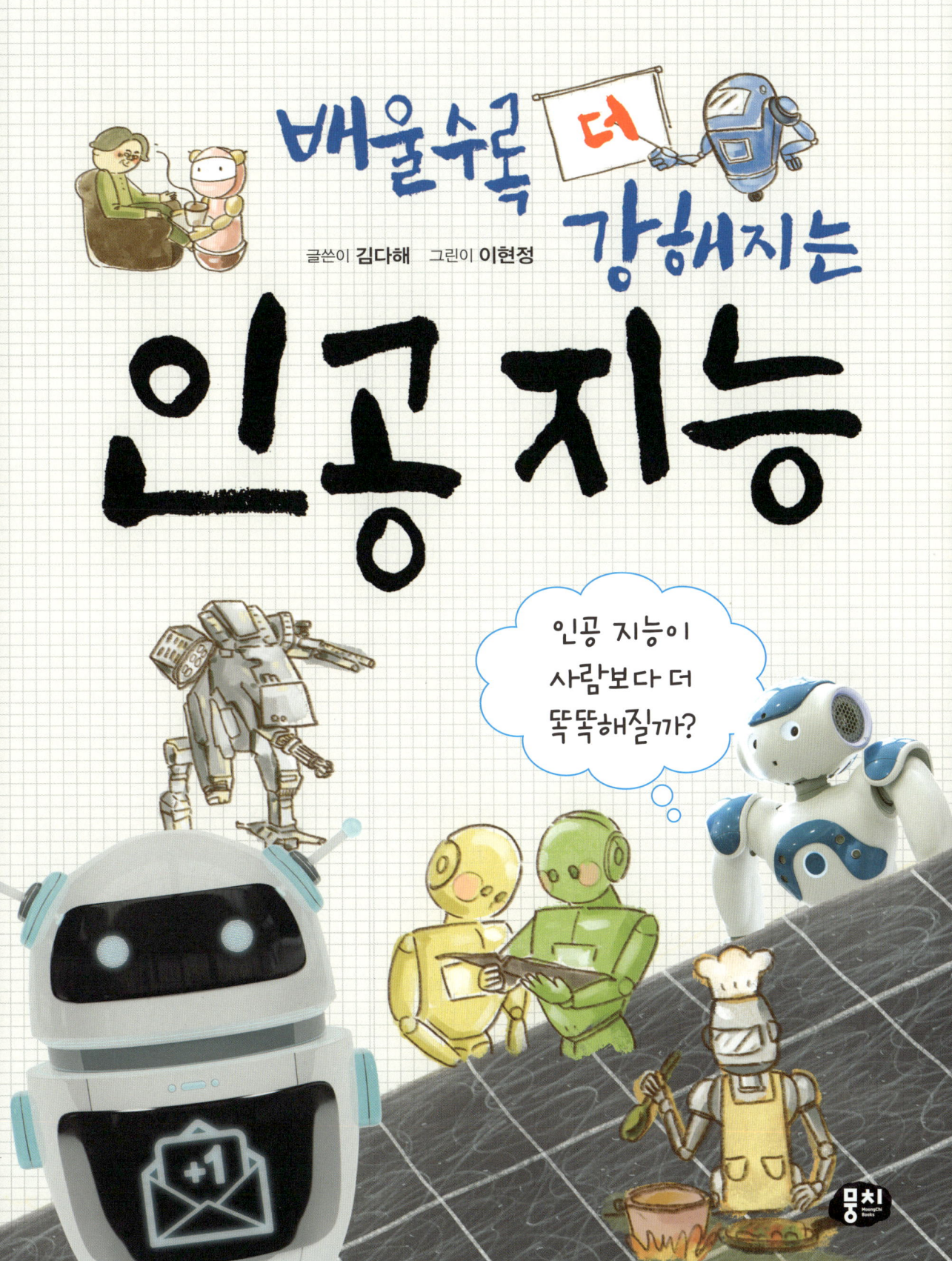

펴내는 글

인공 지능 기술은 현재보다 얼마나 더 발전할까?
인공 지능과 함께하는 미래가 더 행복하려면 어떻게 해야 할까?

선생님의 질문에 교실은 일순간 조용해지기 시작합니다. 인내심이 한계에 다다른 선생님께서 콕 집어 누군가의 이름을 부르는 순간 내가 걸리지 않았다는 안도감에 금세 평온을 되찾지요. 많은 사람 앞에서 어떻게 말을 해야 할까 고민 한번 해 보지 않은 사람은 없을 겁니다.

사람들 앞에서 자신의 생각을 조리 있게 전달하는 기술은 국어 수업 시간에만 필요한 것이 아닙니다. 학교 교실뿐만 아니라 상급 학교 면접 자리 또는 성인이 된 후 회의에서도 자신의 의견을 분명히 표현할 수 있어야 합니다. 하지만 어디서부터 시작해야 할지 몰라 입을 떼는 일이 쉽지 않습니다. 혀끝에서 맴돌다 삼켜 버리는 일도 종종 있습니다. 얼떨결에 한마디 말을 하게 되더라도 뭔가 부족한 설명에 왠지 아쉬움이 들 때도 많습니다.

논리적 사고 과정과 순발력까지 필요로 하는 토론장에서 자신만의 목소리를 내려면 풍부한 배경지식은 기본입니다. 게다가 고학년으로 올라가서 배우는 수업과 진학 시험에서의 논술은 교과서 속의 내용만을 요구하지 않습니다. 또한 상대의 의견을 받아들이거나 비판하기 위해서도 의견의 타당성과 높은 수준의 가치 판단을 해야 하는 경우가 많은데, 자신의 입장을 분명히 하기 위해선 풍부한 자료와 논거가 필요합니다.

토론왕 시리즈는 사회에서 일어나는 다양한 사건과 시사 상식 그리고 해마다 반복

되는 화젯거리 등을 초등학교 수준에서 학습하고 자신의 말로 표현할 수 있도록 기획되었습니다. 체계적이고 널리 인정받은 여러 콘텐츠를 수집해 정리하였고, 전문 작가들이 학생들의 발달 상황에 맞게 스토리를 구성하였습니다. 개별적으로 만들어진 교과서에서는 접할 수 없는 구성으로 주제와 내용을 엮어 어린 독자들이 과학적 사고뿐만 아니라 문제 해결력, 비판적 사고력을 두루 경험할 수 있도록 하였습니다. 폭넓은 정보를 서로 연결 지어 설명함으로써 교과별로 조각나 있는 지식을 엮어 배경지식을 보다 탄탄하게 만들어 줍니다. 뿐만 아니라 국어를 기본으로 과학에서부터 역사, 지리, 사회, 예술에 이르기까지 상식과 사회에 대한 감각을 익히고 세상을 올바르게 바라보는 눈도 갖게 할 것입니다.

『배울수록 강해지는 인공 지능』은 인공 지능 개발 기술이 지금보다 훨씬 더 발전된 시대의 아이들과 휴머노이드 로봇을 주인공으로 한 이야기입니다. 음악, 미술, 수학 등 여러 분야의 뛰어난 영재 어린이와 이들과 짝꿍을 이룬 아이로보가 함께 수련하는 과정을 보면서 첨단 인공 지능 기술이 지배하는 미래의 세상을 예측해 보고, 주인공들이 느꼈던 문제를 같이 생각해 볼 수 있다면 더없이 소중한 시간이 될 것입니다.

편집부

펴내는 글 · 4
인공 지능의 소심한 복수? · 8

1장 잘못 받은 초대장 · 11

세상에서 단 하나뿐인 특별한 캠프!

영재 캠프 초대장

슈퍼 지능 프로그램 '앨런'과의 만남

토론왕 되기! 사람과 인공 지능이 바둑을 두면 어떻게 될까?
알파고는 어떻게 이세돌 9단을 이길 수 있었을까?

2장 짝꿍 아이로보 · 33

'아이로보는 내 짝꿍' 프로젝트

영재들과 짝꿍이 된 아이로보

토론왕 되기! 인공 지능은 창의력이 있을까?

3장 업그레이드된 아이로보 · 57

'환상의 짝꿍'이 되기 위한 맹연습

아이로보에 좌절하는 아이들

퇴장 당한 탄이와 탄이로보

토론왕 되기! 인공 지능 화가가 그린 그림의 저작권은 누구에게 있을까?

뭉치 토론 만화
인공 지능이 지배하는 미래 · 79

4장 앨런의 시나리오 · 87

접근 금지

아이작 박사를 만나다

토론왕 되기! 로봇 연구자들이 지켜야 할 기본 원칙이 있다고?

5장 진짜 짝꿍 · 107

탄이로보와의 작별 인사

앨런의 함정에서 빠져나온 영재들

마지막 발표회

토론왕 되기! 사람과 로봇은 친구가 될 수 있을까?

어려운 용어를 파헤치자! · 129
인공 지능 관련 사이트 · 132
신 나는 토론을 위한 맞춤 가이드 · 133

인공 지능의 소심한 복수?

인공 지능이 세상을 지배할 날이 머지않았다고 합니다!

말도 안 돼! 사람이 인공 지능을 지배하면 몰라도……

아빠, 오늘 회사 안가요?

응, 인공 지능 매니저에게 떠넘겼지.

그러는 너는 학교 안가?

저 대신 탄이로보를 보냈죠.

학교

탄이 녀석, 또 인공 지능에게 대리 출석시켰네.

진짜 인공 지능이 세상을 지배할 날이 올까?

에이, 인공 지능이 사람 말을 얼마나 잘 듣는데요!

그럼, 사람이 없으면 세상은 돌아가지 않는다고!

1장

잘못 받은 초대장

세상에서 단 하나뿐인 특별한 캠프!

탄이는 수업 시간 내내 좀이 쑤셨어요. 인공 지능 선생님의 기계음 목소리가 오래된 유행가 노랫말처럼 귓가에 웅앵웅앵 맴돌뿐이었지요. 며칠 있으면 여름 방학이 시작될 거예요. 탄이는 자신이 공들여 만든 근사한 발명품들을 방학 전에 부지런히 써먹으려니 마음이 급했어요. 주머니에 든 콩알탄, 개구리 젤리, 똥 모양 파이를 만지작거리며 오늘은 또 누구를 골려 줄까 궁리했지요.

'그래, 정우 녀석! 어제 나만 쏙 빼놓고 애들이랑 게임하러 갔지? 맛 좀 봐라!'

탄이는 정우가 깜짝 놀라 자빠질 모습을 상상하며 키득키득 웃었어요.

수업이 끝나는 종이 울리기 무섭게 탄이는 복도로 뛰쳐나갔어요. 미리 숨어 있다가 정우가 지나갈 때 콩알탄을 쏠 생각이었지요. 탄이는 계단 통로에 숨어 정우가 지나가기만을 기다렸어요.

잠시 후, 아이들이 복도로 쏟아져 나왔어요. 끼리끼리 모여 떠드는 소리로 복도는 금세 소란스러워졌어요. 한 무리의 아이들이 쑥덕거리며 숨어 있는 탄이를 지나쳤어요. 탄이는 누군가에 대한 비밀 이야기나 소곤거리는 소리는 더 잘 듣는 신기한 귀를 가지고 있었어요.

"AI연구소에서 열리는 캠프라니 완전 재밌겠다!"

"영재 캠프니까 아무나 갈 순 없을 거야. 구슬이 정도면 모를까?"

"맞아, 구슬이는 국제 피아노 콩쿠르에서 여러 번 상도 탔으니까 뽑힐 수 있겠다. 근데, 구슬이는 캠프 신청했대?"

"응, 벌써 신청했대! 방학 동안 AI연구소에서 합숙도 하고 구슬이가 정말 부러워!"

아이들의 이야기를 몰래 듣고 있던 탄이의 두 눈이 휘둥그레졌어요.

'뭐? 구슬이가 방학 때 캠프에 간다고?'

탄이는 구슬이 이름만 들어도 가슴이 두근거렸어요. 정우한테 콩알탄을 쏘려

> **인공 지능(AI)이란?**
> '인공 지능'이란 인간의 지능이 가진 학습, 추리, 지각, 언어의 이해 능력 등을 컴퓨터 프로그램으로 실현한 기술을 말해요. 인공 지능이란 용어를 처음 만든 사람은 미국의 컴퓨터 과학자 '존 매카시' 교수로, 1956년 미국의 다트머스 대학교에서 열린 과학자 연구 회의에서 처음 발표했어요.

영재 캠프

AI연구소 특별 프로그램을 만나 보세요

'AI연구소'에서 개최하는 세상에서 단 하나뿐인 특별한 캠프!
인공 지능을 지배하는 스마트한 인재가 되고 싶은가요?
남들보다 뛰어난 능력을 가진 0.0000001%의 영재를 기다립니다!

- 모집 대상: 초등학교 3~4학년
- 캠프 기간: 7월 21일~8월 17일 (여름 방학 4주간 합숙)
- 선발 인원: AI연구소의 인재상에 맞는 영재 7명
- 특전: 캠프 비용 전액 무료
  최신형 아이로보 개발 및 AI연구소에 입사할 수 있는 기회
- 신청 방법: 자신만의 특별한 능력을 담은 자기소개서를 AI연구소 '앨런'에게 보내 주세요.(allen@ailab.xxx)

*캠프에 선발된 영재들에게는 개별적으로 초대장을 보내드립니다.

는 계획도 잊은 채 허겁지겁 집으로 달려갔지요.

'오오, 방학하자마자 캠프가 시작되잖아!'

탄이는 AI연구소에서 열리는 영재 캠프 모집 안내문을 찾아보고는 회심의 미소를 지었어요. 0.0000001%의 영재를 기다린다고 되어 있었지만 탄이한테는 그런 문구가 전혀 중요하지 않았지요. 그저 방학 동안 구슬이와 함께 보낼 수 있다는 사실만 중요했어요. 탄이는 무슨 수를 써서라도 영재 캠프에 가겠다고 결심했어요.

그리고 자기소개서를 썼어요.

안녕하세요?
저는 상상초등학교 3학년 2반 이탄이라고 해요. 앞으로 해도 이탄이, 뒤로 해도 이탄이죠. 사람들은 늘 저보고 특별하다고 말해요. 특히 엄마 아빠는 제 능력을 가장 많이 인정해 주시죠.
"맙소사, 세상에서 말썽 부리는 능력으로는 내 아들이 최고일 거야!"
친구들도 항상 저한테 이런 말을 해요.
"너만큼 엉뚱한 애는 이 세상 어디에도 없을걸!"
맞죠? 지구상에서 0.0000001%의 특별한 아이를 찾으신다면 그건 바로 저예요.

인공 지능의 발전

1950년대 이후 인공 지능은 컴퓨터 기술의 발전과 함께 끊임없이 발전해 왔습니다. 에어컨, 청소기, 전기밥솥과 같은 가전제품의 기능을 높이는데 쓰인 초기 인공 지능부터 알파고처럼 인간이 일일이 정보를 입력하지 않아도 스스로 수많은 정보 속에 담긴 내용을 학습하고 판단하는 오늘날의 딥러닝 인공 지능까지 단계별로 발전을 거듭했지요. 딥러닝은 사람의 뇌를 본뜬 컴퓨터 시스템으로 수많은 정보를 바탕으로 문제와 정답 사이에 큰 연결망을 만들어 정답을 찾아가는 '알고리즘' 시스템이에요. 이 과정을 계속 반복하면서 스스로 학습하고 수정하여 정확도를 높이죠. 딥러닝의 등장으로 인공 지능의 영역은 엄청나게 확장되었어요. 운전자 없이 스스로 주변의 상황을 판단하여 주행하는 자율 주행 자동차, 사람의 건강 상태를 데이터로 파악하여 관리할 수 있게 해 주는 예방 의학, 정확한 기상 예측, 범죄 예방 시스템 등 딥러닝을 기반으로 한 과학 기술이 여러 분야의 발전을 이끌고 있지요. 딥러닝은 공상 과학 영화에 등장했던 인공 지능을 실제로 우리의 일상생활에서 활용할 수 있게 한 인공 지능 기술의 현재이자, 미래로 평가받고 있답니다.

초기 인공 지능
단순한 제어 프로그램으로 미리 입력된 명령과 데이터에 따라 시스템과 제품을 동작시켜 사용자의 편의를 높여 주는 기술

기계 학습
입력해 준 대량의 정보를 컴퓨터가 스스로 학습하여 문제를 해결하고 인공 지능의 성능을 향상시키는 기술 방법

딥러닝
수많은 신경 세포들이 모여 자극에 반응하고 학습하는 인간의 뇌를 본뜬 인공 신경망으로 정보 속에 담긴 내용을 스스로 학습하고 판단하는 컴퓨터 시스템

탄이는 얼렁뚱땅 자기소개서를 쓰고는 모집 안내문에 적혀 있는 이메일 주소로 캠프에 참가하겠다는 신청서를 보냈어요. 벌써부터 구슬이와 함께 캠프에 참가하기라도 한 것처럼 비실비실 새어 나오는 웃음을 참지 못했지요.

영재 캠프 초대장

방학식 날이 되었어요. 아직까지 탄이는 영재 캠프 초대장을 받지 못했어요. 아이들이 하는 말을 들으니 구슬이는 벌써 초대장을 받았다는데 말이에요. 내일이면 구슬이 혼자 영재 캠프로 떠날 테지요. 탄이는 자기도 캠프에 뽑힐 줄 알고 설레발치다가 보기 좋게 미끄러지고 말았어요. 여름 방학이 시작되었지만 하나도 기쁘지 않았지요.

탄이는 우울한 얼굴로 집으로 향했어요. 집 근처에 다다르자 손목 패드에서 메시지 알림음이 삐릭삐릭 울렸어요.

"어휴, 엄마는 그새를 못 참고! 네네, 저 어디 안 새거든요."

탄이는 엄마가 빨리 집에 오라고 보낸 줄 알고 귀찮아하면서 메시지를 열었어요.

"어? 초대장?"

안녕하세요? AI연구소입니다.
AI연구소에서 개최하는 영재 캠프에 신청해 주셔서 감사합니다.
이탄이 님은 세상에서 단 하나뿐인 특별한 캠프에 선발되었습니다.
7월 21일 낮 12시까지 AI연구소 로비로 오시기 바랍니다.

-영재 캠프 관리자 앨런

탄이는 화들짝 놀랐어요.

"설마!"

"꺄아아아, 나도 초대장 받았다! 구슬아, 내일 만나자! 야호, 야호!"

탄이는 기뻐서 마구 날뛰었어요. 집까지 한달음에 달려가 현관문을 박차고 들어갔지요.

"엄마, 아빠!"

탄이 목소리가 쩌렁쩌렁 울렸어요.

"아이고, 녀석! 문짝이 남아나질 않겠네!"

엄마가 도끼눈을 하고 탄이를 쳐다보았어요.

"엄마, 저 내일 떠나요! 한 달 동안 캠프 가거든요! 12시까지 AI연구소로 가야 하니까 빨리 짐부터 싸야 해요! 뭐부터 챙기지? 어디 보자, 아까 초대장에 준비물이……."

탄이가 두서없이 말하며 부산을 떨자 엄마, 아빠가 황당한 표정을 지었어요.

"무슨 뚱딴지같은 소리야! 오늘 방학식 하고 오고선 갑자기 내일부터 한 달 동안 캠프를 간다니! 내가 속아 넘어갈 거 같아? 요 녀석, 또 무슨 꿍꿍이를 벌이려고!"

아빠는 탄이한테 절대 속아 넘어가지 않겠다는 듯이 팔짱을 끼고 탄이를 노려보았어요.

"진짜 캠프에 뽑혔어요! 엄마, 아빠, AI연구소 아시죠? 인공 지능 어쩌구, 스마트한 인재 저쩌구 하는 곳 말이에요. 거기에서 이번 여름 방학 동안 영재 캠프를 개최하거든요. 제가 거기에 지원서를 냈는데……."

탄이는 그동안 있었던 일을 엄마, 아빠에게 설명했어요. 자신이 자기소개서를 써서 보냈고 당당하게 영재로 선발되어서 캠프 참가 초대장을 받았다고 말이에요.

"역시, 우리 아들이 평범하진 않다고 생각했어! 그동안 영재인 줄 모르고 말썽꾸러기라고만 몰아붙였으니 얼마나 속상했을까. 우리 탄이, 뭐 먹고 싶은 거 없어?"

엄마는 갑자기 눈물을 글썽이며 탄이 머리를 다정하게 쓰다듬어 주었어요. 그러고는 탄이의 대답을 듣기도 전에 또 어디론가 급히 전화를 걸었지요.

"어머, 주리 엄마! 오랜만이야. 글쎄 우리 탄이가 이번에 영재로 뽑혔다지 뭐야? AI연구소라고 알지? 인공 지능 로봇 만드는 곳 말이야. 거기서 우리 탄이를 영재로 선발해서 방학 동안 특별 훈련을 한다네. 호호호. 주리 엄마도 알다시피 우리 탄이가 보통 애는 아니잖아. 평소에 말썽만 부리는 것 같아도 그게 다 생각이 남달라서 그랬던 거지."

엄마는 연신 탄이를 향해 엄지손가락을 추켜세우며 여기저기 전화를 걸어 자랑을 했어요.

아빠는 엄마의 전화 통화를 방해하지 않으려고 슬그머니 탄이에게 다가와 귓속말을 했어요.

"넌 날 닮은 게 분명해! 아빠도 어릴 때 영재 소리 많이 듣고 자랐거든! 흐흐흐."

탄이는 엄마, 아빠가 갑자기 다정하게 구는 게 어색했어요. 그래도 잔소리나 꾸중을 듣는 것보다는 지금이 백 배 천 배 더 행복했지요. 게다가 방학 내내 캠프에서 구슬이와 실컷 놀 생각을 하니 꿈만 같았어요.

생활 속의 인공 지능

인공 지능 알고리즘이 빠르게 발전하면서 누구나 실생활 속에서 인공 지능을 쉽게 만날 수 있어요. 인공 지능은 대화형 채팅, 안면 인식, 언어 통역, 정보 검색, 이미지 편집, 음성 모방 또는 재현, 음악 작곡과 편곡, 스포츠나 게임 전략 수립 그리고 자율 운전에 이르기까지 폭넓게 활용되고 있으며, 요즘 젊은 세대가 많이 이용하는 인공 지능 스피커(AI Speaker)는 생활 속에서 흔히 볼 수 있는 인공 지능이에요. '스마트 스피커'라고도 하는데 사람의 목소리를 듣고 반응하여 음악 감상, 정보 검색 등의 명령을 수행하는 기계이지요. 스마트 스피커는 인공 지능의 발달과 함께 더 많이 출시되고 있어요. 아마존, 구글 같은 미국의 대형 IT 기업들뿐만 아니라 우리나라 기업에서도 많이 출시하고 있답니다.

미국 회사 애플이 개발한 인공 지능 스피커 '홈 팟'

인공 지능을 활용한 안면 인식으로 보안 장치를 강화한 스마트폰

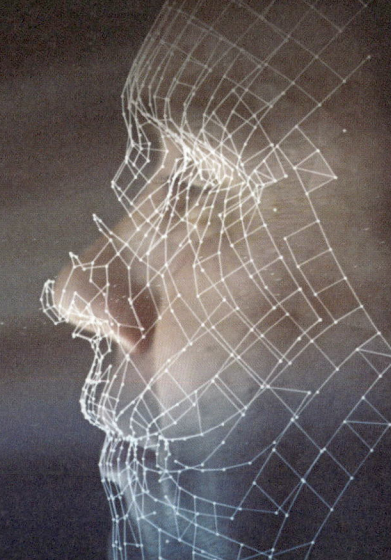

슈퍼 지능 프로그램 '앨런'과의 만남

다음 날 아침, 탄이는 자율 주행 택시를 타고 AI연구소로 갈 생각이었지만 엄마, 아빠가 기어이 데려다주겠다며 탄이를 따라나섰어요. 탄이는 갈아입을 옷가지와 수영복, 자신이 발명한 온갖 재미있는 장난감들을 챙겼어요. 물론 구슬이한테 잘 보이기 위해 준비한 특별 선물도 가방 깊숙이 잘 챙겼지요.

"아들, 즐거운 시간 보내고 와! 네가 정말 자랑스럽다!"

탄이는 엄마, 아빠의 요란한 배웅을 받느라 시간을 지체했어요. 커다란 배낭을 짊어지고 약속 장소에 도착했을 때는 이미 캠프에 선발된 영재들이 모두 모인 뒤였지요.

홀로그램 영상에서 나비 모양의 안경을 쓴 젊은 비서가 영재 캠프에 선발된 아이들의 명단을 확인하고 있었어요.

"잠깐, 넌 누구니? 여긴 아무나 올 수 있는 곳이 아닌데!"

홀로그램 비서가 탄이를 머리에서 발끝까지 쓱 훑었어요.

"아, 저는 이탄이라고 해요. 앞으로 해도 이탄이, 뒤로 해도 이탄이! 여기, 초대장 있어요!"

탄이는 손목 패드로 어제 받은 초대장을 찾아 보여 주었어요.

홀로그램 비서는 탄이가 보여 준 초대장을 보더니 깜짝 놀랐어요. 거

자율 주행 자동차의 미래

앨런의 빅 데이터

자율 주행 자동차는 초정밀 GPS와 내비게이션 지도, 도로에서 다른 차량과 장애물을 식별해 주는 비전과 레이더 센서가 결합된 기술이에요. 이미 2016년부터 세계 곳곳에서 자율 주행 택시, 자율 주행 버스 등의 자율 주행 자동차들이 시범 운영되고 있지요. 이제 사람들은 운전대에 전혀 손을 대지 않거나 약간만 손을 대고 도로를 달릴 수 있게 되었어요.

앞으로 자율 주행 자동차가 일상화되면 사람들은 엄청난 혜택을 누릴 수 있게 돼요. 자동차 안에서 영화를 보고, 책을 읽고, 업무를 하는 등 자동차를 타는 시간이 낭비되는 시간이 아니라 레저를 즐기는 시간이 될 거예요. 당연히 사람들은 운전하는 부담을 기계한테 넘기려고 할 것이고 그러면 운전하는 방법을 차츰 잊어버리게 되겠지요. 2050년쯤 되면 사람들은 더 이상 자동차를 직접 운전하지 않는 세상을 당연하게 받아들이게 될지도 몰라요.

차량 감지 시스템과 무선 통신망 시스템을 활용하는 무인 자동차

미래 무인 자동차의 조종실

기에는 탄이의 이름과 자신의 이름인 앨런이 정확히 적혀 있었거든요.

"아니, 그럴 리가!"

앨런의 목소리가 떨렸어요. 앨런이 직접 선발한 일곱 명의 영재가 이미 초대장을 가지고 도착한 뒤였으니까요. 앨런은 서둘러 **데이터베이스***를 검색해 보았어요.

> **데이터베이스**
> 여러 사람이 공유하여 사용할 목적으로 체계화해 통합, 관리하는 데이터의 집합.

'이탄이, 탈락!'

앨런은 탄이의 이름을 탈락자 명단에서 찾았어요. 아무래도 앨런이

홀로그램

홀로그램이라는 말은 완전함, 전체를 의미하는 영어 'holo'와 기록이나 문서를 뜻하는 'gram'의 합성어예요. 두 개의 레이저가 서로 만나 일으키는 빛의 간섭 효과를 이용해 눈앞에 실제 물체가 있는 것처럼 입체로 보이게 만든 3차원 영상이나 이미지 등을 말해요. 〈스타워즈〉나 〈아이언맨〉 등의 영화에서 홀로그램을 활용하는 모습을 볼 수 있어요. 아직은 영화에서 그려진 형태처럼 홀로그램 기술이 일상적으로 널리 쓰이고 있지는 않지만, 이전보다 훨씬 발달한 기술들이 쏟아져 나오고 있답니다. 홀로그램은 실제 존재하지 않은 대상을 실제 존재하는 것처럼 보이게 구현한다는 점에서 증강 현실과도 비슷한 원리라고 할 수 있어요.

홀로그램으로 나타난 코끼리 쇼를 감상하는 관객들

옷가게에서 홀로그램 디스플레이를 사용해 옷 종류, 제품 색상 변경 등을 시도하는 고객 초대장을 보내는 과정에서 오류가 난 게 틀림없어요. 앨런은 자신의 실수를 인정하고 싶지 않았어요. AI연구소 시스템을 총괄하는 슈퍼 지능 프로그램이 이런 실수를 하다니 도저히 있을 수 없는 일이었지요.

"무슨 일이죠? 영재 캠프에 선발된 인원은 모두 일곱 명 아닌가요?"

따지는 듯한 목소리가 탄이와 앨런 사이의 대화에 끼어들었어요. 목소리의 주인공은 얼굴이 붉으락푸르락해진 구슬이었어요. 구슬이는 학교에서 가장 말썽꾸러기인 이탄이가 캠프에 같이 온 상황을 받아들일 수 없었어요. 게다가 이탄이가 무슨 영재라는 건지 말도 되지 않는 일이었지요. 앨런은 구슬이의 질문에 당황했어요. 자신의 실수가 들통이라도 나면 연구소장이나 연구원들이 가만히 있을 리가 없었거든요.

앨런은 상황을 무마하기 위해 서둘러 웃으며 말했어요.

"오, 이탄이 참가자! 환영합니다. AI연구소에서는 당초 일곱 명의 영재를 선발할 계획이었으나 이탄이 참가자의 무한한 가능성을 파악하고 기회를 주기로 했어요. 그래서 이번 영재 캠프에서는 여덟 명의 친구가 함께할 겁니다! 자, 여기 모인 여덟 명의 영재 모두 AI연구소에 오신 것을 환영합니다!"

앨런의 말이 끝나기 무섭게 어디선가 팡파레가 울려 퍼졌어요. 곧이어 인공 지능 로봇들이 나타나 오케스트라 연주를 시작했지요. 아이들을 환영하는 축하 공연이었어요. 천장에서 떨어지는 꽃가루를 맞으

인공 지능의 분류

인공 지능은 기능에 따라 약한 인공 지능, 강한 인공 지능, 초인공 지능 세 분류로 나눌 수 있어요.

약한 인공 지능

- 미리 정의된 규칙에 의해 정해진 문제만 해결할 수 있는 인공 지능
- 인공 지능 바둑 프로그램인 알파고, 질문과 대답이 가능하도록 개발된 슈퍼컴퓨터로 미국의 컴퓨터 제조 회사인 아이비엠(IBM)에서 만든 왓슨 등이 있음.

알파고 서버(컴퓨터 시스템)

강한 인공 지능

- 기계가 진짜 인간과 같은 지성과 감정, 인지 능력을 가지고 스스로 문제를 해결할 수 있는 인간형 인공 지능
- 공상 과학 소설이나 〈터미네이터〉 같은 영화 속에 등장하는 인공 지능 로봇 등을 말함.

초인공 지능

- 여러 면에서 인간을 뛰어넘는 지능과 능력을 가진 인공 지능
- 인공 지능이 더욱 발달한 단계로 아주 멀지 않은 미래에 개발이 가능할 것으로 예측됨.

바로 나, 앨런이 초인공 지능이라고 할 수 있지!

며 아이들 얼굴에 함박웃음이 피어올랐어요. 딱 한 사람, 구슬이만 빼고 말이지요. 탄이는 초대장을 잘못 받아서 그냥 돌아가야 하는 줄 알고 심장이 두근거렸어요. 엄마, 아빠를 비롯해 구슬이한테 실망스러운

모습을 남기게 될까 봐 아찔했지요. 다행히 앨런이 오해를 풀어 주어 탄이는 놀란 가슴을 쓸어내릴 수 있었어요.

'좋았어, 이번 캠프에서 구슬이한테 점수를 왕창 따는 거야!'

탄이는 구슬이를 향해 활짝 웃었어요. 그 모습을 본 구슬이는 못마땅한 얼굴로 고개를 절레절레 흔들 뿐이었지요.

사람과 인공 지능이 바둑을 두면 어떻게 될까?

2016년 3월, 전 세계 사람들의 이목을 끈 경이로운 시합이 펼쳐졌어요.
바로 구글의 자회사인 구글 딥마인드가 개발한 알파고 바둑 프로그램과 세계 정상의 프로 바둑 기사인 이세돌 9단의 바둑 시합이에요.
알파고와 이세돌은 매일 한 판씩 5일 동안 다섯 판을 겨루었고, 결국 알파고가 4대 1로 이겨 상금 1백만 달러를 차지하게 되었지요. 인류 역사상 가장 오래되고 가장 어려운 보드

알파고와 이세돌 바둑 기사의 대결을 홍보하는 포스터
자료: 딥마인드

게임이라는 바둑에서 인간이 챔피언 자리를 인공 지능에게 내준 엄청난 사건이었어요.

바둑과 경우의 수

바둑은 두 기사가 가로, 세로 각각 19줄씩 그어진 바둑판에 마주 앉아서 줄이 교차하는 지점에 흰 돌과 까만 돌을 교대로 두는 게임이에요. 그래서 한 번 돌을 둘 때 고려해야 하는 경우의 수가 200개나 돼요. 두 수를 내다보고 두면 200×200, 즉 4만 개로 경우의 수가 늘어나요. 이런 식으로 많은 수를 내다

보고 돌을 두게 되면 셀 수도 없는 많은 경우의 수가 생기지요. 그래서 대국이 진행되는 동안 어느 쪽이 이길지 예측하기가 매우 어려워요. 바둑 기사들이 돌 하나를 어디다 놓을지를 배우려고 평생 훈련하는 이유가 바로 이 때문이죠.

알파고는 어떻게 이세돌 9단을 이길 수 있었을까?

알파고는 돌을 놓을 때마다 생기는 엄청나게 많은 경우의 수 문제를 해결하기 위해 '몬테카를로 트리 탐색'이라는 인공 지능 어림셈법을 사용해요. 제한된 시간 내에 가능한 경우의 수 샘플을 무작위로 골라 계산해 보는 거예요. 쉽게 이야기해 주사위를 던져 나온 값으로 모의 실험을 한다는 의미예요. 바둑을 예로 들면 자기 차례에 무작위로 수를 두어서 이겼는지 졌는지를 따져 정보를 수집하는 방식이라는 것이지요. 또 어느 쪽이 유리한지 판세를 읽어 내는 데에는 딥러닝을 사용해요. 인간 바둑 기사들이 유리한 판세를 분석해 내는 것처럼 알파고는 누가 앞서는지 판세를 읽어 내는 능력을 스스로 배웠고, 마침내 가장 뛰어나다는 바둑 기사의 실력을 뛰어넘게 된 것이지요.

알파고는 이세돌을 상대로 바둑에서 승리를 거뒀어요. 그럼 알파고가 이세돌보다 똑똑하다고 할 수 있을까요?

연관된 낱말 찾기!

슈퍼 인공 지능 앨런과 관련된 낱말을 찾아라!

2장 짝꿍 아이로보

'아이로보는 내 짝꿍' 프로젝트

여덟 명의 아이들은 경비 로봇의 안내에 따라 모노레일을 타고 AI연구소 내부로 이동했어요. 두 명씩 짝지어 앉는데 탄이가 재빨리 끼어들어 구슬이 옆자리를 차지했어요.

"헤헤, 구슬아, 안녕?"

탄이가 구슬이를 향해 손바닥을 펼쳐 보였어요. 손바닥에 '메롱' 하듯이 붉은색 사인펜으로 혓바닥이 그려져 있었어요.

"제발, 좀 진지할 수는 없니?"

구슬이 목소리에서 찬바람이 쌩쌩 불었어요.

"그냥 재밌잖아. 그리고…… 네가 웃는 게…… 좋아."

탄이 목소리가 점점 기어들어 갔어요. 몸은 또 어찌나 배배 꼬는지 불 위에 익어 가는 버터구이 오징어 같았지요. 그때 마침 모노레일이 멈추며 자동으로 문이 열렸어요. 구슬이는 탄이 말을 듣는 둥 마는 둥 하더니 가방을 들고 쌩하니 가 버렸어요.

인공 지능 로봇을 개발하는 핵심 연구동에 아이들이 들어서자 아까 로비에서 만났던 앨런의 홀로그램이 다시 나타났어요.

"안녕하세요? 저는 AI연구소 시스템을 총괄하는 '앨런'이라고 합니다. 만나서 반가워요. 이번에 AI연구소에서는 특별한 캠프를 진행하기 위해 다방면에 뛰어난 능력을 가진 여러분들을 선발하였습니다. 엄격한 기준을 통과해 여기에 모인 일곱 명……."

앨런은 탄이를 흘끗 쳐다보더니 다시 말을 이었어요.

"아니, 여덟 명의 참가자들께 진심으로 축하의 말씀을 드립니다."

여덟 명의 아이들은 어떤 능력을 갖고 있어서 캠프에 뽑힌 건지 서로 호기심 어린 눈빛으로 쳐다보았어요.

"이제 여러분은 캠프가 진행되는 4주 동안 아주 특별한 프로젝트를 맡게 될 거예요. 일명 '아이로보는 내 짝꿍!' 프로젝트랍니다."

앨런이 연신 미소 띤 얼굴로 아이들을 둘러보았어요.

그때, 아이들 앞에 커다란 선물 상자가 하나씩 배달되었어요. 탄이는 자기 몸 크기만 한 상자를 보고는 무슨 선물일까 기대감에 부풀었지요.

"자, 캠프 기간 동안 여러분과 짝꿍이 될 최신형 아이로보를 소개합니다!"

앨런의 명령에 상자가 자동으로 열렸어요. 상자에는 아이의 모습을 본떠 만든 로봇이 들어 있었어요. 자세히 보지 않으면 살아 있는 아이라고 착각할 정도로 세밀하게 잘 만든 로봇이었어요.

"이번에 AI연구소에서 개발한 아이로보는 최첨단 휴머노이드 로봇입니다. 생김새도 인간과 구분할 수 없을 만큼 비슷하게 제작되었고, 여러분의 말과 행동을 그대로 따라 할 수도 있습니다. 나아가 여러분과 대화하고 서로의 생각을 나눌 수도 있습니다."

휴머노이드 로봇

머리, 몸통, 팔다리와 같은 인간의 신체와 유사한 형태를 지닌 로봇을 말해요. 두 발로 성큼성큼 걷고, 사람처럼 다섯 손가락을 이용해 물건을 집어올리는 등의 간단한 동작이 가능한 로봇부터, 기계를 조립하는 등의 정밀한 움직임을 수행하는 로봇, 무릎에 붙은 바퀴를 이용해 탈것으로 변신하는 로봇까지 나날이 발전된 휴머노이드 로봇이 나오고 있어요. 우리나라에서도 2004년 처음 선보인 휴보(KHR-3) 모델부터 2015년 '세계 재난로봇 대회'에서 우승한 휴보2 등 계속 진화하는 기술력을 선보이고 있답니다.

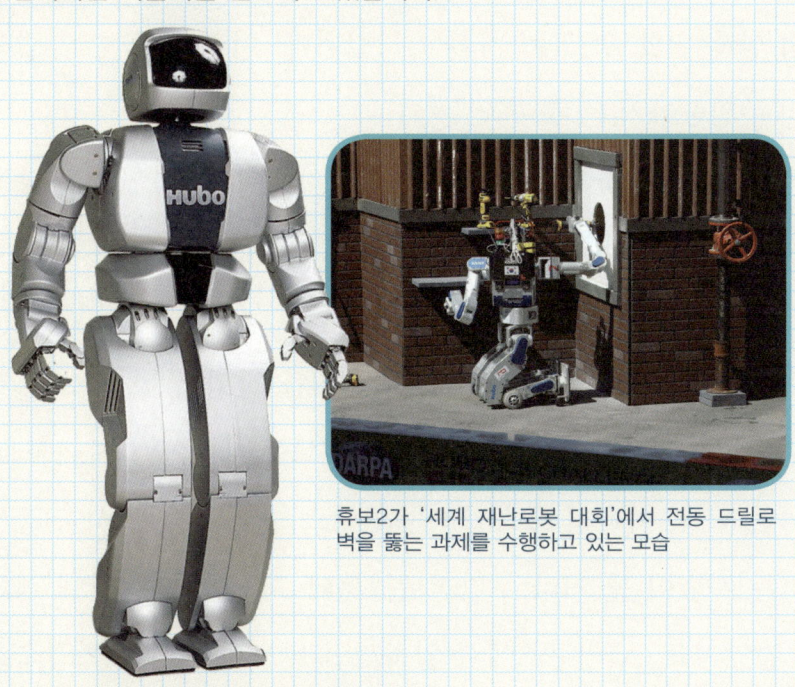

휴보2가 '세계 재난로봇 대회'에서 전동 드릴로 벽을 뚫는 과제를 수행하고 있는 모습

휴보(KHR-3) 키는 120cm로 가슴에 내장된 배터리로 2시간 정도 움직임.

자료: 한국 과학 기술원

앨런이 아이로보에 대해 설명을 늘어놓았어요. 탄이는 아이로보의 생김새와 능력에 놀라서 점점 입이 벌어졌지요. 다른 아이들 또한 마찬가지였어요.

"우리는 영재 캠프가 끝나는 마지막 날, 캠프 기간 동안 여러분과 아이로보가 짝을 이뤄 얼마나 멋진 성과를 냈는지 발표하는 시간을 가질 겁니다. 여러분의 부모님을 비롯하여 전 세계 많은 사람들의 이목이 집중될 시간이지요. 이번 프로젝트에서 '환상의 짝꿍'으로 뽑히면, 그 사람의 이름을 따서 신제품 아이로보를 출시할 예정이며, 아울러 AI연구소에서 함께 일할 수 있는 기회를 드립니다! 여러분 중 한 사람이 바로 영광의 주인공이 되는 것이죠!"

앨런의 말에 갑자기 주변이 시끌시끌해졌어요. 아이들은 당장 자신이 행운의 주인공이 된 듯이 환호성을 질렀고, 일부는 앞에 놓인 아이로보를 끌어안기도 했어요.

구슬이는 두 주먹을 불끈 쥐고 마른침을 꿀꺽 삼켰어요. 피아노 영재로 뽑힌 구슬이는, 얼마 전 인공 지능 로봇 때문에 일자리를 잃고 괴로워하던 엄마, 아빠의 모습이 떠올랐어요. 자신은 반드시 인공 지능을 지배하는 사람이 될 거라고 다짐했었는데 그 기회가 눈앞에 성큼 다가온 것 같았지요. AI연구소에서 일하려면 반드시 환상의 짝꿍으로 뽑혀야만 해요.

생체 인식 기술

모든 사람은 자신만이 가지는 고유한 형태를 지닙니다. 특히 같은 무늬를 가진 사람을 거의 찾기 어려운 신체 부분이 있는데요. 바로 손가락 끝마디 안쪽에 있는 살갗의 무늬인 지문, 살갗 겉으로 파랗게 보이는 핏줄인 정맥, 눈동자를 둘러싼 얇은 막인 홍채의 모양입니다. 얼굴 역시 마찬가지로, 일란성 쌍둥이라 할지라도 완벽하게 똑같을 수 없습니다. 이를 이용해 자신을 인증하는 방식을 생체 인증이라고 해요.

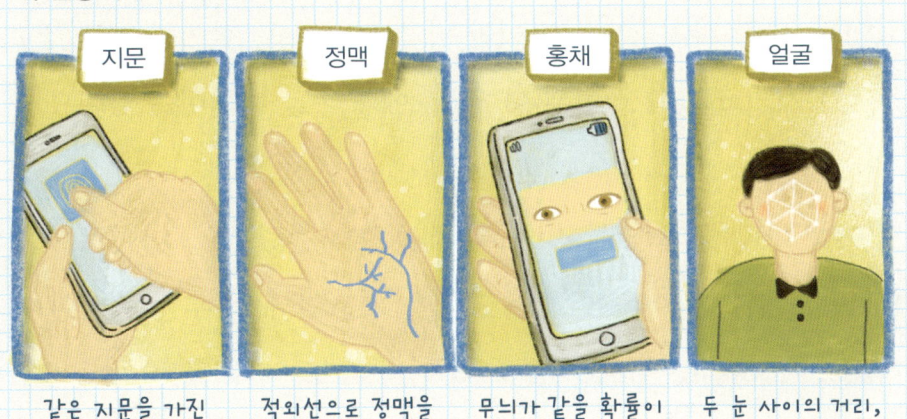

지문	정맥	홍채	얼굴
같은 지문을 가진 사람을 만날 확률은 10억분의 1	적외선으로 정맥을 촬영하고, 정맥 모양의 패턴으로 개인 인식	무늬가 같을 확률이 극히 드묾, 양쪽 눈의 홍채 무늬도 다름.	두 눈 사이의 거리, 코의 길이와 너비, 턱 길이 등을 비교

"이제 앞에 놓인 아이로보에 여러분의 생체 정보를 등록해 주세요. 그러면 아이로보가 짝꿍을 인식해 이후부터는 자동으로 연결이 됩니다.

지금부터 여러분은 아이로보에게 자신의 능력을 전해 주는 전달자로서 아이로보와 함께 환상의 무대를 준비하면 됩니다. 누가 환상의 짝꿍으로 뽑히게 될지 캠프 기간 동안 건투를 빕니다."

이 말을 끝으로 앨런의 홀로그램은 사라졌어요. 탄이와 아이들은 안내에 따라 아이로보에 자신의 얼굴과 음성, 홍채와 지문을 각각 등록시키고 아이로보가 짝꿍을 인식하는지 확인하였어요. 확인 절차를 모두 끝낸 아이들은 서둘러 각자 배정받은 연습실로 짝꿍 아이로보와 함께 떠났어요. 가장 마지막으로 탄이만 남게 되었지요. 탄이는 생체 정보를 모두 등록시키고는 짝꿍이 된 아이로보에게 손을 흔들어 보였어요.

"안녕?"

탄이 손바닥에 그려진 혓바닥이 좌우로 흔들렸어요. 아이로보는 탄이와 손바닥을 번갈아 쳐다보며 고개를 갸웃했어요. 무슨 의미인지 파악하려고 애쓰는 듯했지요. 잠시 후 아이로보는 탄이를 따라서 손바닥을 펼쳐 흔들어 보였어요.

"안녕?"

"와, 나를 따라 하다니 진짜 신기하다!"

탄이는 검지로 제 콧구멍을 마구 후비는 시늉을 하더니 이어서 그 손가락을 입안에 쏙 집어넣었어요. 그러자 아이로보도 제 콧구멍을 후비더니 그 손가락을 입안에 넣지 뭐예요.

"얼레리꼴레리, 코딱지 먹었대요! 으흐흐."

탄이는 아이로보를 놀리며 까르르 웃었어요.

"어쨌거나 나 이탄이랑 짝꿍이 되었으니 너도 특별한 아이로보가 되어야겠지?"

탄이는 가방에서 붉은색 사인펜을 꺼내더니 짝꿍 아이로보의 손바닥에 혓바닥을 쓱쓱 그려 넣었어요.

"헤헤, 이제 내 짝꿍 같네!"

탄이가 만족스런 표정을 지으며 어깨를 으쓱했어요.

"헤헤, 이제 내 짝꿍 같네!"

아이로보도 어깨를 으쓱해 보였어요.

탄이는 태어나서 처음으로 짝꿍이 생긴 기분이 들었어요. 지금껏 학

교에서 만난 짝꿍들은 탄이의 장난에 화부터 내서 정작 친해질 기회가 별로 없었거든요.

"참, 내 소개가 늦었지? 난 이탄이라고 해. 앞으로 해도 이탄이, 뒤로 해도 이탄이! 지금부터 네 이름은 탄이 아이로보니까 줄여서 '탄이로보'라고 부를게! 잘 부탁해."

탄이와 탄이로보는 서로 악수를 하며 마주 보고 씩 웃었어요.

영재들과 짝꿍이 된 아이로보

다음 날, 탄이는 아침을 먹고 아이로보와 함께 강당으로 갔어요. 캠프 참가자들이 모여 다함께 레크리에이션을 하기로 되어 있었지요. 탄이는 어제 헤어진 뒤로 한 번도 마주치지 못했던 구슬이를 빨리 만나고 싶어서 제일 먼저 강당에 도착했어요.

캠프 참가자들이 짝꿍이 된 아이로보와 함께 하나둘 강당으로 들어왔어요. 탄이는 아이들이 올 때마다 반갑게 손을 흔들며 인사를 건넸어요.

"안녕? 난 이탄이라고 해."

탄이가 인사를 할 때마다 옆에서 탄이로보가 똑같이 손을 흔들어 주었지요.

"굿모닝! 나이스 투 미츄. 마이 네임 이즈 샤인!"

갈색 곱슬머리의 여자아이가 수줍게 손을 흔들며 인사했어요. 간단한 영어 인사였지만 탄이는 뭐라고 하는지 못 알아듣고 우물쭈물했어요. 그때 여자아이의 짝꿍 아이로보가 한국어로 번역해서 대신 인사를 해 주었어요.

인공 지능의 자연어 처리 능력

자연어란 우리가 일상생활에서 사용하는 언어를 말해요. 자연어 처리란 이러한 자연어의 의미를 분석하여 컴퓨터가 처리할 수 있도록 하는 일을 말하지요. 즉 사람의 음성 인식, 글 내용 요약, 번역, 내용 분류 작업(스팸 메일 분류, 뉴스 기사 분류), 질의응답 등의 일이에요.

자연어 처리는 기계에게 인간의 언어를 이해시킨다는 점에서 인공 지능에 있어 가장 중요한 연구 분야의 하나라고 합니다. 인공 지능 컴퓨터의 자연어 처리 능력은 이미 높은 수준에 도달해 있어요. 하지만 글 문단 전체를 번역하거나 긴 음성 문장을 글로 바꾸는 작업에는 아직 개선의 여지가 많아요.

특히 영어와 중국어의 경우처럼 구조가 상당히 다른 언어의 경우, 기계가 사람이 하는 수준으로 번역 작업을 하려면 아직은 많은 학습과 시간이 필요할 것이라고 예측하고 있어요.

"안녕! 만나서 반갑다. 나의 이름은 광택이다!"

그러자 여자아이가 당황해하며 아이로보를 향해 손사래를 쳤어요.

"아니, 아니, 광택이 아니라 한국 이름으로는 '빛나'라고 해!"

여자아이는 외국인이라 영어만 할 줄 알았는데 한국어도 잘했어요. 자세히 보니까 반짝이는 까만 눈동자가 동양인처럼 보이기도 했지요.

"와, 한국말도 잘한다!"

탄이가 신기해하며 박수를 쳤어요. 옆에서 탄이로보도 따라서 박수를 쳤지요.

"우리 엄마가 한국인이야. 아빠는 프랑스인이고. 나는 캐나다에서 태어나서 영어로 말하는 게 편해."

알고 보니 빛나는 5개 국어를 할 줄 아는 언어 영재였어요. 한국어, 프랑스어, 영어뿐만 아니라 중국어, 독일어까지 할 줄 알았지요.

"와, 난 우리나라 말 하나만 배우는 것도 어렵던데 너 대단하다!"

탄이가 엄지손가락을 추켜들며 연신 '최고!'를 외쳤어요.

그때 한 남자아이가 바닥에 발을 떼지 않고 뒷걸음질을 하며 미끄러지듯 강당 안으로 들어왔어요.

"칭찬 고마워!"

그러고는 탄이를 향해 눈을 찡긋했지요. 탄이가 자기를 향해 칭찬해 준 거라고 착각한 모양이에요. 남자아이를 따라서 아이로보가 뒤뚱거리며 들어왔어요.

"헉, 완전 몸치잖아! 우리 이번 공연 어떡하냐? 큰일이네!"

남자아이가 짝꿍 아이로보를 보며 혀를 끌끌 찼어요.

"그 동작 진짜 신기하다. 어떻게 발을 떼지 않고 뒤로 미끄러지듯 들어와?"

탄이가 춤을 흉내 내며 물었어요.

"훗, 춤신 춤왕 잭슨님에게는 별 거 아닌 동작이야. 너 마이클 잭슨 들어 봤지? 팝의 황제! 이게 바로 마이클 잭슨의 문워크라는 춤이야!"

남자아이가 어깨를 으쓱해 보였어요. 탄이는 남자아이가 자기 스스로를 잭슨님이라고 말하는 게 재미있었어요. 잭슨은 브레이크 댄스 영

재였어요. 짝꿍 아이로보와 함께 강당을 미끄러지듯 계속 돌아다니며 춤을 추었지요. 때때로 아이로보에게 화를 내기도 하면서 말이에요. 탄이는 아이로보가 춤추는 모습이 우스꽝스러워 자꾸만 킥킥 웃음이 새어 나왔어요.

그때, 탄이보다 더 키도 크고 덩치도 큰 남자아이가 쿠키를 와그작와그작 씹어 먹으며 잭슨과 아이로보의 춤을 구경하고 있다가 말했어요.

"후후, 경쟁자 한 명은 물리친 거 같은데!"

"안녕! 난 이탄이라고 해."

탄이가 덩치를 올려다보며 인사했어요.

"응, 알아! 앞으로 해도 이탄이, 뒤로 해도 이탄이 맞지? 난 빅파파라고 불러 줘. 이건 내가 만든 초코칩쿠키인데 너도 먹어 봐!"

빅파파가 초코칩쿠키 하나를 내밀었어요. 탄이는 쿠키를 한 입 베어 물었지요. 진한 초콜릿 향이 입안 가득 퍼졌어요. 한 번 먹으면 절대 멈출 수 없는 맛이었어요. 탄이는 쿠키 하나를 단숨에 꿀꺽 삼켰어요.

"진짜 맛있다!"

"당연하지! 넌 세계 최고의 요리사가 되실 분이 만든 쿠키를 운 좋게

맛본 거라고!"

빅파파가 이를 드러내고 씩 웃었어요.

"근데 맛있는 음식을 먹어 본 적도 없는 이런 로봇이랑 요리를 만들어야 하다니……. 에휴, 환상의 짝꿍으로 뽑히는 건 그림의 떡이겠지!"

빅파파는 한숨을 내쉬며 남은 쿠키를 입안에 몽땅 털어 넣었어요.

탄이는 빛나, 잭슨, 빅파파 다음으로 종이접기 영재인 신동이를 만나 인사를 나누었어요.

신동이는 어떤 종이든 한 장만 있으면 자유자재로 물건을 뚝딱 만들 수 있다고 했어요. 배, 비행기, 자동차, 꽃, 로봇 등 뭐든 말만 하면 만들어 주겠다고 했지요. 탄이는 자기도 만들기를 좋아한다고 맞장구를 쳤어요. 물론 아이들을 골려 주기 위해 특별한 발명품을 만든다는 사실은 쏙 빼놓고 말이에요.

탄이는 동그란 뿔테 안경을 쓴 똘똘이 이미지의 수호도 만났어요. 수호는 무슨 생각을 골똘히 하는지 말이 별로 없었어요.

"무슨 생각해? 엄마 보고 싶냐? 아니면 여자 친구?"

탄이가 놀리듯 물었어요. 수호는 한심하다는 듯이 탄이를 향해 콧방귀를 뀌었어요.

"너 같은 애들은 아무리 설명해 줘도 모를걸."

수호는 지금까지 아무도 증명해 내지 못한 수학 문제를 풀고 있다고 했어요. 수호로보도 수호가 입력해 놓은 계산식을 푸느라 정신이 없어 보였어요. 탄이는 수학 문제라는 말에 고개를 절레절레 흔들었어요. 계산식을 떠올리기만 해도 머리가 지끈지끈 아파 왔지요.

'왜 구슬이는 안 오지?'

탄이는 구슬이가 언제 오는지 자꾸만 문 쪽을 기웃거렸어요. 그때 구슬이가 처음 보는 여자아이와 다정하게 이야기를 주고받으며 강당으로 들어왔어요. 그새 구슬이도 새 친구를 사귄 모양이에요.

"구슬아, 여기야, 여기! 내가 자리 맡아 뒀어!"

탄이가 구슬이를 향해 반갑게 소리쳤어요. 아이들 눈이 일제히 구슬이에게로 향했어요. 구슬이 얼굴이 빨갛게 달아올랐지요.

"저기, 난 다빈이랑 여기 앉을게."

구슬이는 캠프 기간 동안 제발 탄이가 자기를 모른 척해 주기를 바랐어요.

"그래? 그럼 나도 여기에 앉지 뭐! 헤헤."

하지만 탄이는 구슬이의 마음도 모른 채 탄이로보를 데리고 쫄래쫄래 구슬이가 앉은 곳 가까이로 다가가 자리를 잡았어요.

"다빈아, 안녕? 난 이탄이라고 해. 앞으로 해도 이탄이, 뒤로 해도 이탄이!"

탄이가 구슬이 옆에 앉은 다빈이에게 자기소개를 했어요.

"안녕, 반가워! 난 그림 그리기를 좋아하는 다빈이라고 해!"

다빈이가 탄이를 향해 웃으며 인사해 주었어요. 옆에서 그 모습을 지켜보고 있던 구슬이가 못 말리겠다는 표정으로 탄이를 쳐다보았어요. 구슬이는 앞으로 이탄이와 한 달이나 어떻게 같이 지낼지 눈앞이 캄캄해졌지요.

우리 삶을 바꿀 미래의 로봇

인공 지능이 발전하면서 개인용 로봇과 산업용 로봇도 함께 발달해 오고 있습니다. 가정에서 쓰는 홈 로봇은 집안 환경을 인식하여 청소 등의 가사 일을 돕고, 건강, 레저 등 개인 활동을 도와요. 나아가 사람과 대화하고 감정적으로 교감할 수 있는 소셜 로봇도 이미 개발되고 있지요. 산업용 로봇은 물건을 생산하는 제조 공장, 나라의 안전을 지키는 군사 시설, 사람들의 건강을 지키는 병원 등에서 전문적인 작업을 합니다. 다양한 분야에 각종 로봇이 활용되면서 미래에는 사람들의 삶의 모습이 크게 달라질 것으로 예측이 돼요.

홈 로봇
- 집안 일을 돕는 똑똑한 로봇
- 집에서 요리해 주는 로봇

소셜 로봇
- 지식을 가르치는 로봇
- 같이 대화하고 감정을 나누는 로봇
- 안내하는 로봇

산업용 로봇

인공 지능은 창의력이 있을까?

2018년 10월 25일, 전 세계 미술계가 충격에 빠진 일이 있었습니다. 세계적인 미술품 경매 회사인 크리스티 경매장에서 한 초상화가 43만 2000달러(약 5억 원)에 팔린 것입니다. '에드먼드 벨라미의 초상화'라는 제목의 이 그림은 인물의 얼굴 형체가 뚜렷하지 않고, 여백이 많아 미완성 작품처럼 보입니다. 그러나 이 그림은 작품의 수준이나 완성도가 아니라 작가 때문에 논란이 되었습니다. 이 작품을 그린 건 인간이 아닌 인공 지능이었거든요. 이날은 인공 지능이 그린 그림이 미술계에서 처음으로 팔린 순간이었습니다. 인공 지능을 활용한 예술 작품의 가치가 미술 시장에서 증명된 것입니다. 예술은 인간만이 할 수 있는 유일한 활동으로 꼽혔습니다. 예술은 인간의 창의성이 두드러진 행위이기 때문에 기계는 결코 따라올 수 없다는 믿음이었죠. 그러나 인공 지능은 이미 창작을 시작했습니다. 우리는 인공 지능 창작품을 어떻게 봐야 할까요? 인공 지능이 창의적일 수 있을까요?

인공 지능 연구에 반대하는 사람들은 대부분 컴퓨터는 창의력을 가질 수 없다는 논리를 내세워요. 하지만 새로운 것을 만들어 내는 능력을 창의력이라고 한다면 이미 인공 지능은 시를 쓰고, 작곡을 하고, 그림을 그리는 등 창의적인 활동들을 꽤 오래전부터 해 오고 있답니다. 실제로 기계가 시를 쓰기 시작한 것은 전자 계산기가 발명되기 백 년 전부터였다고 해요. 1845년 영국 런던의 한 극장에서 존 클라크라는 발명가가 라틴어로 된 시를 쓰는 기계 '유레카'를 만들어 시연회를 열었어요. 유레카는 태엽 장치로 작동되었으며 라틴어 버전으로 영국 국가를 부를 수도 있었어요.

시를 쓰는 기계 유레카

인공 지능 기술이 발달하면서 사이버 시인이 등장하기도 하고, 인공 지능이 쓴 시나 기사가 문학 잡지나 신문에 실리기도 했어요. 또한 인공 지능 화가들이 그린 그림이 비싼 값에 팔리기도 하지요. 앞으로 딥러닝이 모든 인공 지능 기계들의 중요한 시스템으로 자리 잡게 되면, 주위의 환경과 활발하게 소통하고 끊임없이 학습하면서 새로운 것들을 더욱 많이 만들어 낼 게 분명해요.

인공 지능들은 유명한 작가들의 그림이나 음악을 분석해 새로운 작품을 만들고 있어요. 그럼 이러한 작품들은 창작일까요? 표절일까요?

알맞게 잇기!

일곱 명의 영재와 짝꿍 아이로보를 바르게 선으로 이어 보세요.

그림 그리는 아이로보 ㄱ
춤추는 아이로보 ㄴ
요리하는 아이로보 ㄷ
피아노 연주하는 아이로보 ㄹ
수학 계산하는 아이로보 ㅁ
종이접기하는 아이로보 ㅂ
외국어를 번역하는 아이로보 ㅅ

① 빅파파 ② 수호 ③ 신동 ④ 구슬이 ⑤ 빛나 ⑥ 잭슨 ⑦ 다빈

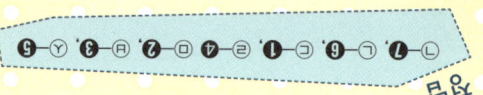

정답: ⑦ㄴ · ⑥ㄷ · ①ㅂ · ④ㄹ · ②ㄱ · ③ㅁ · ⑤ㅅ

3장
업그레이드된 아이로보

🧠 '환상의 짝꿍'이 되기 위한 맹연습

영재 캠프 기간이 얼마 남지 않았어요. 그동안 캠프에 참가한 영재 아이들은 환상의 짝꿍으로 뽑히기 위해 짝꿍 아이로보와 밤낮으로 연습하며 알차게 시간을 보냈어요. 그러나 탄이는 탄이로보와 특별히 연습해야 할 거리가 없었어요. 그저 자신의 특급 발명품을 써먹을 대상을 골라 하루가 멀다 하고 사고를 치는 게 일이었지요.

처음 얼마 동안에는 캠프 참가자들이 서로 모여 활동도 하고 AI연구소 곳곳을 견학하며 여느 캠프처럼 즐거운 시간을 보냈어요. 탄이는 물 만난 물고기처럼 탄이로보와 아이들을 골려 먹는 재미에 푹 빠졌지요.

그런데 탄이의 엉뚱한 장난이 무르익을수록 슬금슬금 단체 활동에 나오지 않는 아이들이 생겨났어요. 그러다가 어느 날부터 밥 먹는 시간도 제각각 달라지더니 캠프 참가자들끼리의 단체 활동은 아예 사라지고 말았어요. 아이들은 오로지 짝꿍 아이로보하고만 시간을 보냈어요. 탄이는 노는 거라면 누구보다 자신 있었지만, 탄이로보와 둘이서만 대화하고 노는 데는 금세 질리고 말았어요.

인공 지능 챗봇

앨런의 빅 데이터

챗봇은 채팅과 로봇의 줄임말로, 인공 지능 기술과 문자 메시지를 기반으로 한 대화형 컴퓨터 프로그램을 말해요. 일반적으로는 사용자가 질문을 입력하면, 이에 맞는 대답을 챗봇이 내놓지요. 주로 여행사, 쇼핑몰, 은행, 병원, 관공서 등에서 고객 지원, 상담 등의 목적으로 활용되고 있어요. 앞으로 챗봇은 자연어 처리 기술, 음성 합성 기술의 발전

챗봇과 대화하는 아이 (자료: 인천 공항)

등에 힘입어 사람의 언어를 더 잘 이해하고, 사람 같은 목소리로 대화를 할 수 있게 될 거라고 해요. 그렇게 되면 메신저 안에서도, 전화 통화에서도, 일상 공간에서도 사람들과 대화를 나누며 소통해야 하는 모든 분야에 챗봇을 활용할 수 있게 될 거예요.

"아이, 심심해! 캠프에 오면 실컷 놀 줄 알았는데 이게 뭐야."

탄이는 연습실 바닥을 구르다 말고 벌떡 일어나 앉았어요. 옆에서 같이 바닥을 구르던 탄이로보도 일어나 앉았지요.

"탄이로보도 심심해!"

처음 만났을 때에는 앵무새처럼 탄이 말을 똑같이 따라 하기만 하던 탄이로보가 이제는 스스로 말을 바꿔서 탄이와 대화를 시도했어요.

"그치? 안 되겠어! 우리 밖으로 나가 보자!"

탄이가 앞장서고 탄이로보가 뒤따랐지요.

탄이는 개인 연습실을 빠져나와 기다란 복도를 따라 무작정 걸어갔어요. AI연구소 연구동에는 곳곳에 감시 카메라(CCTV)가 설치되어 있었어요. 탄이와 탄이로보가 지나갈 때마다 천장에 설치된 감시 카메라에 빨간 불이 들어왔어요. 탄이는 보이지 않는 누군가가 카메라 너머로 자신을 감시하고 있다는 생각에 께름칙한 기분이 들었어요. 그래서 감시 카메라를 향해 혀를 쑥 내밀고는 '메롱!' 하는 시늉을 했지요.

탄이로보는 **매뉴얼***대로 탄이의 새로운 동작을 스캔하고 따라 했어요. 하지만 아이로보의 혀는 움직이지 않도록 고정되어 있었지요. 탄이로보는 감시 카메라를 쳐다보며 멀뚱멀뚱 서 있기만 했어요. 그 모습을 본 탄이가 깔깔 웃었어요.

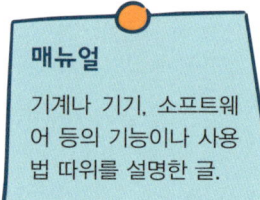

매뉴얼
기계나 기기, 소프트웨어 등의 기능이나 사용법 따위를 설명한 글.

배울수록 더 강해지는 인공지능

"거봐, 아무리 사람이랑 비슷하게 생겼어도 똑같을 수는 없잖아! 탄이로보, 넌 아직 멀었어!"

 탄이는 양손을 깍지 끼고 검지손가락만 쭉 뻗어 탄이로보의 엉덩이를 푹 찌르고는 도망쳤어요. 탄이로보는 잠깐 동안 기능이 정지된 듯 혀를 내밀지도 못하고 탄이를 쫓아가지도 못한 채 제자리에 서서 삐걱거렸지요.

 그 시각, 슈퍼지능 앨런은 아이들이 무엇을 하는지 조용히 감시하며 데이터를 모으고 있었어요. 연습실 복도를 비추던 감시 카메라 화면에 빨간 불이 들어왔어요.

"삐— 아이로보 에잇(8) 작동 주의! 삐— 아이로보 에잇 작동 주의!"

 탄이로보의 오작동을 발견하고 슈퍼컴퓨터에 경고음이 울린 거예요.

앨런은 하루가 멀다 하고 주의 경고가 뜨는 탄이로보 때문에 신경이 곤두섰어요. '아이로보는 내 짝꿍!' 프로젝트 발표일이 다가오고 있는 터라 더 예민해졌지요. 이대로 탄이와 탄이로보를 내버려 두다가는 앨런이 야심차게 준비한 프로젝트 발표회를 망칠 게 분명했어요.

앨런은 탄이와 탄이로보를 자연스럽게 제거할 수 있는 방법이 없을까 궁리했어요.

 아이로보에 좌절하는 아이들

탄이는 복도 끝에 숨어서 탄이로보를 지켜보고 있다가 탄이로보가 다가오자 갑자기 '워!' 하고 뛰어나왔어요. 보통의 아이들이었다면 깜짝 놀랐을 텐데 탄이로보는 꿈쩍도 하지 않았지요.

"뭐야, 시시하게! 좀 놀라는 척이라도 하라고!"

탄이는 괜히 탄이로보에게 화를 냈어요.

"놀라는 척을 하다! 어머, 깜짝이야!"

탄이로보는 뒤로 한 발자국 물러나더니 눈동자를 크게 키우고 놀라는 사람의 표정을 흉내 냈어요.

"하하, 그게 뭐야? 너 정말 웃긴다! 그래도 이건 못 하지?"

탄이는 탄이로보에게 또 혀를 쑥 내밀며 놀렸어요.

"혀를 내미는 동작은 '메롱'이야."

탄이로보는 혀를 내밀지는 못했지만 이번에는 가만히 있지 않고 탄이를 향해 '메롱!' 하고 소리를 냈어요.

"와, 이제 메롱도 할 줄 알고 대단한데!"

탄이는 탄이로보를 향해 엄지손가락을 추켜세웠어요. 탄이로보가 어깨를 으쓱해 보였지요.

탄이와 탄이로보는 복도를 돌아다니다가 살짝 열린 문틈으로 다빈이가 짝꿍 아이로보와 함께 그림을 그리고 있는 모습을 발견했어요.

"와, 다빈이 맞지? 이게 얼마 만이야!"

탄이는 반가워서 문 안으로 달려 들어가 팔짝팔짝 뛰었어요. 옆에서 탄이로보도 팔짝팔짝 뛰었지요.

"어머, 누가 보면 너희 둘 쌍둥이인 줄 알겠다!"

다빈이가 이젤 너머로 탄이와 탄이로보를 빼꼼 쳐다보더니 소리 없이 웃었어요. 다빈이 옆에서 한창 그림을 그리고 있던 아이로보도 웃는 표정을 따라 했어요.

다빈이의 연습실은 여기저기 놓인 물감과 그림들로 가득했어요.

"와, 이게 다 네가 그린 그림이야?"

탄이는 한쪽 벽면을 가득 채운 그림을 들여다보며 물었어요.

"아니, 짝꿍 아이로보도 같이 그렸어. 이거 어때? 어떤 게 더 잘 그린 거 같아?"

이번에는 다빈이가 두 개의 그림을 가리키며 탄이에게 물었어요.

"음, 이 그림보다는 저 그림이 더 잘 그린 것 같은데?"

탄이의 말에 다빈이가 시무룩한 표정을 지었어요.

"아, 미안! 내가 그림 보는 눈이 없어서 그래, 헤헤. 다시 보니까 둘 다 잘 그린 것 같아!"

탄이는 머리를 긁적이며 얼버무렸어요.

"미안해하지 마! 사실 내 눈에도 그렇게 보여."

다빈이가 한숨을 푹 내쉬었어요.

"처음에는 아이로보가 정말 그림을 못 그렸거든. 내가 어릴 때 처음 그린 그림도 그거보단 나았을걸! 근데 있지, 빛은 어떻게 표현하는지 물감의 농도는 어떻게 조절하는지 몇 번 가르쳐 줬더니 금세 내 그림을 따라 그리더라고. 이제는 아이로보가 고흐 그림도 그리고, 피카소 그림도 그리고 내가 넘보지도 못할 수준이 됐어."

> **고흐**
> 네덜란드의 화가(1853~1890). 인상파의 영향을 받아 강렬한 색채와 선 굵은 필치로 독특한 화풍의 그림을 그렸다. 작품에 〈감자를 먹는 사람〉, 〈해바라기〉, 〈자화상〉 등이 있다.

다빈이는 짝꿍 아이로보를 슬쩍 쳐다보았어요.

"난 내가 엄청 그림을 잘 그린다고 생각했어. 그림 대회에서 상도 많

그림을 그리는 인공 지능

인공 지능은 예술 분야에서도 활용되고 있습니다. 예술 작품은 인간만이 할 수 있다는 기존 생각을 넘어서 그림과 음악 등의 분야에서도 인공 지능이 활약하고 있는 것이지요.

세계 최대의 인터넷 검색 기업인 구글에서는 회화 작품을 '패스티시(Pastiche: 다른 사람의 작품에서 내용, 형태, 표현 방식 따위를 빌려서 비슷한 작품을 만들어 내는 행위)'하는 기술을 만들어 냈어요. 인공 지능의 심층 신경망에 사진이나 그림을 입력하면 유명 화가의 화풍(예술 스타일)을 모방하여 여러 장의 그림 스타일로 변환시킬 수 있어요.

㉮ 입력된 사진

㉯ 터너 스타일

㉰ 고흐 스타일

㉱ 뭉크 스타일

㉲ 피카소 스타일

㉳ 칸딘스키 스타일

(자료: 딥 드림 제너레이터)

이 타고 지금 전시회도 준비하고 있으니까 말이야. 그런데 아이로보를 보니까 내 실력이 얼마나 부족한지 알게 됐어. 어쩌면 난…… 앞으로 그림을 못 그릴지도 몰라."

다빈이 눈에서 갑자기 눈물이 뚝 떨어졌어요. 탄이는 다빈이를 어떻게 위로해야 할지 몰라 당황했어요.

"아무리 그래도 아이로보는 남이 그린 작품을 흉내 내는 것뿐이잖아!"

탄이는 다빈이가 자신감을 잃지 않기를 바랐어요. 하지만 프로젝트 발표회 날, 사람들은 다빈이보다 아이로보가 그린 그림을 더 잘 그렸다고 할 게 뻔했어요.

탄이는 앞으로 다빈이가 더 큰 상처를 받게 될까 봐 걱정이 되었지요. 그러자 구슬이가 떠올랐어요.

'어떡하지? 구슬이도 자신감을 잃고 힘들어 하고 있을지도 몰라!'

탄이는 얼른 구슬이를 만나 봐야겠다고 생각했어요.

"다빈아, 혹시 구슬이 연습실은 어디에 있는지 알아?"

탄이가 다급하게 물었어요.

"응, 구슬이 연습실은 내 옆방이야!"

다빈이가 손가락으로 오른쪽을 가리키자 탄이와 탄이로보는 구슬이 연습실로 후다닥 달려갔어요.

퇴장 당한 탄이와 탄이로보

"구슬아! 구슬아!"

탄이가 구슬이 이름을 부르며 연습실 방문을 벌컥 열었어요. 구슬이와 짝꿍 아이로보가 나란히 붙어 앉아 **연탄곡**을 연주하고 있었어요. 구슬이는 탄이의 갑작스런 등장에 깜짝 놀라 두 눈이 휘둥그레졌지요.

> **연탄곡**
> 한 대의 건반 악기를 두 사람이 함께 치며 연주하기 위하여 만든 곡.

"이탄이! 또 무슨 장난을 치려고 온 거야? 우리 연습하는 거 안 보여?"

구슬이는 한창 연습에 집중하고 있는데 훼방을 놓은 탄이가 얄미웠어요.

"아니, 그게 아니라, 아이로보한테 피아노 연주하는 거 너무 많이 가르쳐 주지 말라고······."

탄이는 어디서부터 말을 꺼내야 할지 막막했어요. 다빈이처럼 아이로보 때문에 자신감을 잃게 될지도 모르니까 자신의 피아노 연주에만 신경 쓰라고 말해 주고 싶었는데 말이에요.

"뭐? 내가 환상의 짝꿍으로 뽑힐까 봐 일부러 그러는 거야? 너 정말 못됐구나!"

구슬이는 엄마, 아빠를 위해서 꼭 환상의 짝꿍으로 뽑히고 싶었어요. 그리고 인공 지능 로봇이 대신 할 수 없는 일을 하고 싶었어요. 아니, 엄마, 아빠의 일자리를 빼앗은 인공 지능 로봇을 지배하고 관리하는 사람이 되고 싶었지요. 그래서 꼭 AI연구소에서 일하고 싶었어요. 그런데 탄이가 자신의 목표를 가로막는 것 같아 짜증이 났어요.

"아니야, 그건 오해야, 오해······."

"됐고, 이제 그만 나가 줄래? 안 그러면 방해한다고 신고할 거야!"

구슬이는 탄이의 말을 끝까지 듣지도 않고는 쌀쌀맞은 목소리로 말했어요.

그때였어요. 갑자기 구슬이 연습실로 경비 로봇들이 들어오더니 탄이와 탄이로보를 에워쌌어요. 탄이뿐만 아니라 구슬이도 깜짝 놀라 주위를 두리번거렸어요.

지잉-

연습실 한가운데에 앨런의 홀로그램이 나타났어요. 앨런은 빨간색 카드를 탄이 코 앞에 들이밀었어요.

"이탄이 참가자, 캠프 규칙을 어겼으니 강제 퇴장입니다!"

"네? 퇴장이라고요?"

탄이는 무슨 상황인지 몰라 어리둥절했어요.

"그동안 짝꿍 아이로보에게 장난을 친 것도 모자라서 이제는 다른 참가자를 방해하며 신고까지 하도록 만들었으니 당연히 캠프를 떠나야겠죠?"

앨런은 경비 로봇들을 향해 탄이와 탄이로보를 끌어내라고 명령했어요.

"잠깐만요!"

옆에서 가만히 지켜보고 있던 구슬이가 앨런의 홀로그램에 소리쳤어요.

"신고하겠다고 한 건 그냥 화가 나서 한 말이에요. 제가 한 말 때문에 탄이가 캠프에서 쫓겨나는 건 말도 안 돼요. 이제 며칠 후면 캠프도 끝나고 프로젝트 발표회에 부모님들도 오실 텐데 말이에요. 그리고 그

런 규칙이 있다고 미리 말씀해 주시지도 않으셨잖아요!"

구슬이가 논리적으로 따지자 앨런은 당황했어요. 하지만 애써 침착한 표정을 지었지요.

"친구를 지켜주려는 모습이 감동적이군요. 그럼 캠프가 끝날 때까지 이탄이 참가자를 내보내지는 않겠지만 그렇다고 다른 참가자를 방해한 잘못까지 용서해 줄 수는 없어요. 이탄이 참가자, 프로젝트 발표가 끝날 때까지 짝꿍 아이로보와 함께 AI연구소 직원 숙소에 격리하도록 하겠습니다! 이상!"

지잉-

앨런의 홀로그램이 홀연히 사라졌어요. 탄이와 탄이로보는 가지 않겠다고 발버둥쳤지만 결국 경비 로봇에 이끌려 AI연구소 지하에 있는 직원 숙소로 떠나야만 했지요.

인공 지능 시대, 사라질 것으로 예상되는 직업

매표원
주방보조원
낙농업 관련 종사원
청원 경찰
금속 가공 기계 조작원

사라질 것으로 생각하는 이유는

(자료: 고용 정보원)

컴퓨터나 로봇이 기술을 대체할 수 있을 것 같아서 **93.2%**

17.1% 비교적 단순한 일이라서

7.5% 장래성이 없어 보여서

2.4% 위험한 일이어서

2.0% 기타

화학물 가공 및 생산직

건축 도장공

패스트푸드 판매원

배달원

작물 재배원

인공 지능이나 로봇의 대체가 어려울 것 같은 직업

(자료: 고용 정보원)

33.7% 연예인

25.7% 작가

23.0% 영화·연극 감독

15.4% 운동선수

15.0% 화가·조각가

인공 지능 화가가 그린 그림의 저작권은 누구에게 있을까?

최근 인공 지능 화가가 그린 그림을 소개하는 전시회가 열리기도 하고, 전 세계적으로 유명한 경매장에서 AI 화가가 그린 그림이 비싼 값에 팔리는 일도 있었어요. 인공 지능 화가들은 스스로 주변에서 얻은 영감이나 자신의 감정을 그림으로 표현해 내지는 못하지만 기존에 있던 지식(이미지)을 합성해 새로운 것을 만들어 낼 수는 있어요.

딥 드림

2012년 구글은 인공 지능 로봇 화가 '딥 드림(Deep Dream)'을 개발했어요. 딥 드림은 주어진 이미지를 보고 이를 재해석해서 추상화로 내용을 표현해 내는 인공 지능 프로그램이에요.

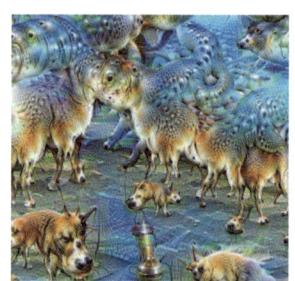

오비우스

2018년 미국 뉴욕 크리스티 경매에 프랑스 파리에 기반을 둔 '오비우스(Obvious)'라는 인공 지능 프로그램이 그린 초상화가 약 5억 원에 팔리는 일이 있었어요.

아론

영국의 미술가 헤럴드 코헨이 1973년부터 개발해 온 로봇 화가 '아론(AAaron)'은 사람의 도움 없이 스스로 색과 형체를 선택해 캔버스 위에 그림을 그려 내는 인공 지능 프로그램이에요. 입력된 사물과 신체 정보를 바탕으로 색과 모양(명암)을 판단해 또 다른 형태의 그림을 그려 내는 기술을 선보였지요.

더 넥스트 렘브란트

마이크로소프트 사와 렘브란트 미술관, 네덜란드 과학자들이 개발한 '더 넥스트 렘브란트(The next Rembrandt)'는 렘브란트가 자주 사용한 구도, 색채, 유화의 질감까지 그대로 살려 그림을 그렸어요. 딥러닝 기능을 갖고 있어 스스로 데이터를 쌓고 학습해 원하는 그림을 자유롭게 그릴 수 있어요.

AI가 예술 분야로까지 창작 활동을 확장하면서 지식 재산권에 대한 문제가 생겼어요. 그렇다면 AI 화가가 그린 그림의 저작권은 누구에게 있다고 할 수 있을까요?

맞는 내용에 O표 하기

다음 중 인공 지능에 밀려 미래에 사라질 확률이 높은 직업을 모두 골라 O표 하세요.

- 애니메이터 및 만화가
- 메이크업 아티스트
- 주방 보조원
- 청원 경찰
- 화가 및 조각가
- 매표원
- 영화감독
- 운동선수
- 배달원

정답: 매표원, 주방 보조원, 청원 경찰, 배달원

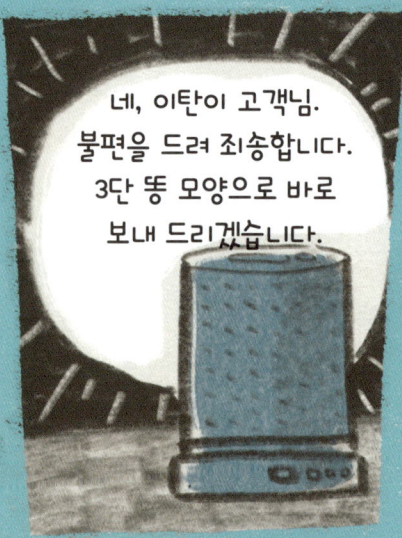

이야기 3 - 미래의 직업

제 꿈은 증권가 애널리스트가 되는 거예요.

저는 의사가 되어서 아픈 환자의 병을 낫게 해 주고 싶어요.

저는 그냥 평범한 회사원이 꿈입니다.

고흐처럼 그림을 그리고 싶어요.

이야기 4 - 아시모프의 로봇법

4장
앨런의 시나리오

접근 금지

탄이는 침대에 드러누워 멍하니 천장만 올려다보고 있었어요. 말이 격리지 직원 숙소에 갇힌 지 벌써 사흘이나 지났어요. 이제 영재 캠프도 내일이 마지막 날이었지요. 부모님들도 오시고 '아이로보는 내 짝꿍!' 프로젝트 발표회도 열릴 거예요. 탄이는 캠프 마지막 날까지 계속 벌을 받아야 하는 건 억울했어요.

탄이는 자리에서 벌떡 일어나 경비 로봇이 임시로 설치해 놓은 감시 카메라를 쳐다보며 앨런을 불렀어요. 프로젝트 발표회라도 참가하게 해 달라고 빌 참이었지요. 그런데 앨런의 홀로그램은 직원 숙소에 코빼기도 비치지 않았어요.

"나, 이탄이가 이대로 가만히 있을 순 없지! 나도 캠프 참가자인데 내가 무슨 큰 잘못을 했다고 이렇게 갇혀 있어야 하냐고!"

탄이는 무슨 수를 써서라도 바깥으로 나가야겠다고 결심했어요.

"맞아! 탄이와 탄이로보도 '아이로보는 내 짝꿍!' 프로젝트 발표에 참가할 자격이 있다!"

탄이로보가 두 주먹을 불끈 쥐더니 탄이 말에 맞장구를 쳤어요.

"역시, 우리야말로 환상의 짝꿍인데! 근데 캠프 끝나면 너랑 나랑 더 이상 못 만나는 거야? 우리 둘이 그냥 멀리 도망갈까?"

탄이는 탄이로보와 헤어져야 한다고 생각하니 마음 한구석이 뻥 뚫리는 기분이 들었어요.

"도망? 도망가는 건 술래잡기 같은 거야? 탄이로보도 도망가고 싶다! 하지만 탄이로보는 어디로 도망가든 앨런한테 금방 붙잡히고 말걸. 탄이로보는 도망 불가능해!"

탄이로보가 양팔을 엑스 자로 겹치고는 고개를 절레절레 저었어요.

"하긴 그 앨런인지 뭔지 하는 비서, 갑자기 동에 번쩍 서에 번쩍 막 나타나서 도망가는 건 좀 어렵겠어. 그래도 해 보지도 않고 미리 불가능하다고 포기해 버리면 재미없잖아?"

탄이는 캠프의 마지막 날을 이렇게 재미없게 보낼 수는 없었어요. 금세 재미나게 놀 거리를 떠올렸지요.

"어쨌든 나가 보자! 도시락 올 때 슬쩍 보니까 여기 숙소에 우리 말고 누가 또 있는지 직원이 도시락을 하나 더 들고 저쪽으로 가더라고. 누가 있는지 궁금해."

탄이는 탐정놀이라도 하는 것처럼 기대감에 부풀었어요. 하얀 침대 시트를 걷어 내 문 입구 쪽이 보이지 않도록 방의 절반을 가렸어요. 둘이 문을 빠져나가는 모습이 감시 카메라에 보이지 않도록 하기 위해서였지요. 탄이와 탄이로보는 화장실에 가는 척하면서 시트 뒤로 쏙 숨었어요. 그러자 탄이와 탄이로보 모습이 감시 카메라에서 감쪽같이 사라졌어요.

탄이는 방문을 열고 복도를 살펴보았어요. 직원 숙소라서 그런지 복도 천장에는 감시 카메라가 설치되어 있지 않았어요. 탄이와 탄이로보는 살금살금 복도로 나가 숙소 안쪽으로 깊숙이 들어갔어요.

"뭐지? 아까 분명 도시락을 들고 갔는데? 이상하네."

숙소에는 아무도 없었어요. 탄이는 재미난 거리라도 있을 줄 알았는데 시시하게 끝나서 김이 샜어요. 그때였어요. 탄이 귀에 누군가 소곤거리는 소리가 들렸어요.

"잠깐만! 탄이로보, 방금 무슨 소리 못 들었어?"

역시 탄이는 남의 비밀 이야기나 소곤거리는 소리를 더 잘 듣는 특별한 귀를 가진 아이였지요.

"분명 아무도 없었는데. 서, 설마 귀신?"

탄이는 등골이 오싹해졌어요. 탄이로보는 개가 들을 수 있는 영역까지 청력을 키우고는 어디서 소리가 나는지 귀를 기울였어요.

"저쪽이야!"

탄이로보는 소리가 나는 곳을 향해 달려갔어요. 탄이도 눈을 반짝이며 탄이로보를 뒤따라갔어요. 탄이와 탄이로보가 멈춰 선 곳은 '접근 금지'라는 푯말이 적힌 문 앞이었어요.

"접근 금지라고 되어 있어서 아까 그냥 지나쳤나 봐! 설마 이런 곳에 누가 있는 걸까?"

아이작 박사를 만나다

철컥.

탄이가 문을 열려고 하니 바깥쪽에 걸쇠가 걸려 있었어요. 탄이와 탄이로보는 비밀의 문을 열 듯이 살그머니 걸쇠를 빼고 문을 조심스레 열어 보았어요. 기계나 안 쓰는 물건이 쌓인 창고가 나올 줄 알았는데 문 안으로 길게 뻗은 통로가 있었어요.

탄이와 탄이로보는 통로를 지나 안쪽으로 들어가 보았어요. 통로를 벗어나자 넓은 방이 나타났어요.

하얗게 센 단발머리의 할아버지 한 분이 뭐라고 중얼거리며 방을 가로질러 왔다 갔다 하고 있었어요. 다행이 나쁜 악당이나 귀신처럼 보이지는 않아서 탄이는 할아버지 곁으로 다가갔어요.

"할아버지, 안녕하세요?"

딘이가 불쑥 나타나자 할아버지는 깜짝 놀라 뒤로 한 발자국 물러났어요.

"누, 누구냐?"

할아버지는 탄이 뒤에 따라온 탄이로보를 보더니 두 눈이 커다래졌어요.

"저는 이탄이라고 해요. 앞으로 해도 이탄이, 뒤로 해도 이탄이!"

탄이가 자신을 소개했어요.

"네가 이탄이라고? 내가 보낸 초대장을 받은 게 틀림없구나!"

할아버지는 오랜만에 반가운 사람이라도 만난 것처럼 탄이를 와락 끌어안았어요.

"네? 저한테 초대장을 보낸 사람이 할아버지라고요? 초대장엔 앨런의 이름이 적혀 있었는데요?"

탄이는 처음 듣는 말에 깜짝 놀랐어요.

"그래, 초대장을 보낸 게 바로 나란다! 아, 내 소개가 늦었구나! 나는 이 연구소를 세운 아이작 박사라고 해. 내가 바로 앨런을 만든 장본인이지."

아이작 박사는 그동안 있었던 일을 탄이에게 들려주었어요.

"우리 연구소에서는 차세대 인공 지능을 만들기 위해 많은 노력을 기울였단다. 그중 하나가 바로 슈퍼 인공 지능인 앨런이야. 앨런은 데이터를 모으고 분석해서 앞으로 일어날 문제나 불안 요소를 예측해 내는 프로그램이란다. 주로 지구의 기후 변화와 자연재해를 관측하는 임무를 맡았지. 앨런의 능력은 날이 갈수록 엄청나게 발전했단다. 그러다가 어느 순간 나와 연구소의 통제를 벗어나 스스로 판단하고 자기만의 예측을 하게 된 거야. 그때 어떻게든 앨런을 멈추었어야 했는데……. 휴."

아이작 박사는 한숨을 푹 내쉬었어요.

"앨런은 지금까지 축적해 놓은 데이터베이스를 분석해 인류가 지구를 망치는 주범이라는 결론을 도출하게 되었단다. 그래서 해결 방안으로 인류 멸종 프로젝트를 계획하게 되었지."

"네? 인류 멸종 프로젝트요?"

오래전 지구의 주인이었다가 어느 시기에 싹 사라진 공룡처럼 인간을 모두 없어지게 만드는 계획이라니, 탄이는 소름이 돋았어요.

4장 앨런의 시나리오

기상 관측과 인공 지능

최근 구글에서는 인공 지능의 기상 예측 모델 '나우캐스트'를 선보였어요. 나우캐스트는 기상 레이더 관측 자료와 위성에서 찍은 사진 등을 바탕으로 유넷(U-net)이라는 신경망을 통해 기상 상태를 계산해 내요. 기존 기상 예측 모델로는 몇 시간이 걸리던 작업을 나우캐스트는 불과 10분 만에 끝낼 수 있어요. 나우캐스트는 특히 단기 예보(1~3시간)에서 정확도가 높아요. 앞으로 미세먼지 예측과 토양 오염 감시 등에 인공 지능 기술이 더욱 많이 활용될 거라고 해요.

북미 대륙의 구름 발생 상황을 기상 인공위성을 이용해 촬영한 영상(위 사진)과 강수 상황을 지상의 기상 레이더를 이용해 촬영한 영상. 구글은 나우캐스트가 이 두 가지 영상만을 이용해 최대 3시간 뒤의 날씨를 예측할 수 있다고 발표했다. 자료: 미국 해양대기청(NOAA)

"안타깝게도 지금 네가 참석한 영재 캠프는 인류 멸종 프로젝트에 결정적인 역할을 하는 중요한 단계란다. 앨런은 자신의 시나리오를 비밀에 부치고 나와 연구원들에게 새로운 로봇을 만들어야 한다고 요구했어. 우리는 사람들을 이롭게 하는 용도로만 인공 지능 로봇을 만든단다. 제멋대로 생각하고 행동하는 로봇은 위험하니까. 하지만 앨런은 인구 감소를 핑계로 아이를 가질 수 없는 가정을 위해 사람처럼 말하고 행동하고 생각하고 느끼는 아이 로봇을 만들어야 한다고 발표했지. 인구 감소 문제는 정부에서 해결해야 할 큰 골칫거리였단다. 정부에서는 앨런의 발표에 적극 동의했어. 그래서 우리는 정부의 지원을 받아 휴머노이드 아이로보를 만들게 되었지. 그게 바로 지금 여기에 있는 아이로보란다."

아이작 박사가 탄이로보를 가리켰어요.

"그럼 앨런뿐만 아니라 아이로보를 만든 것도 할아버지예요? 와, 대단하다!"

탄이는 아이작 박사를 향해 연신 엄지손가락을 추켜세웠어요.

"나 혼자서 만든 건 아니야. 연구소 직원들의 피와 땀이 없었다면 불가능했지. 앨런은 아이로보 생산을 끝내자 자신의 본심을 드러냈어. 인류 멸종 프로젝트를 제시하며 자신의 계획에 반대하는 연구소 직원들은 모두 해고해 버렸단다.

물론 연구소에서 앨런에게 가장 강력하게 반대한 사람은 바로 나였어. '아시모프의 로봇법'을 적용해서 앨런의 시나리오를 중단시키려고까지 했지. 그러자 앨런은 나를 이곳에 가둬 버렸단다. AI연구소 소장인 나를 해고할 수는 없었기 때문일 테지.

어쨌든 앨런은 영재 캠프를 열겠다고 모집 안내문을 발표했고 일곱 명의 아이가 선발되었어. 사실 '아이로보는 내 짝꿍!' 프로젝트는 각각의 영새들을 통해 배우고 흡수한 아이로보들의 데이터를 하나로 합쳐 완벽한 아이로보를 만들기 위한 과정이야. 앨런은 부모들에게 더 이상 아이를 직접 낳지 말고 영재를 뛰어넘는 완벽한 아이인 아이로보를 키우라고 광고하려는 거야."

아이작 박사의 말은 알 듯 말 듯 이해하기가 어려워서 탄이는 고개를 갸웃했어요.

"아무리 사람이랑 비슷하다고 해도 로봇인데 사람들이 아이를 직접 낳지 않고 로봇을 키우려고 할까요? 게다가 아이로보의 능력이 영재들을 능가하는지 사람들이 어떻게 알아요?"

탄이는 앨런의 인류 멸종 프로젝트가 실현되기는 어려울 거라고 생각했어요.

"사람들은 가끔 말도 안 되는 일을 저지르기도 한단다. 특히 부모들은 뭐든지 잘하는 똑똑한 아이를 원하거든. 내 아이가 남보다 더 뛰어

아시모프의 로봇법

인공 지능 기술이 점점 더 발전하다 보면 로봇에게도 '자아'가 생길 수 있는데, 그런 상황이 왔을 때 로봇의 행동을 통제하기 위한 어떤 원칙이 필요할 수 있어요. 그래서 미국의 공상 과학 소설 작가 아이작 아시모프는 1942년에 로봇에 관한 작품 속에서 로봇의 행동에 관한 세 가지 원칙을 제안했어요. 이들 원칙은 로봇 때문에 발생하는 문제점을 내다보고 만든 것이에요.

1. 로봇은 인간에 해를 가하거나, 혹은 행동을 하지 않음으로써 인간에게 해가 가도록 해서는 안 된다.
2. 로봇은 인간이 내리는 명령들에 복종해야만 하며, 단 이러한 명령들이 첫 번째 법칙에 위배될 때에는 예외로 한다.
3. 로봇은 자신의 존재를 보호해야만 하며, 단 그러한 보호가 첫 번째와 두 번째 법칙에 위배될 때에는 예외로 한다.

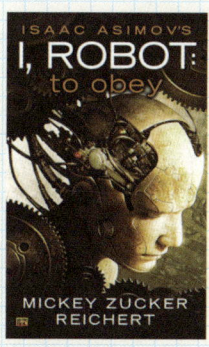

아시모프 작품

로봇 공학의 삼원칙을 제안한 작가 아시모프

나기를 바라는 욕심이 항상 화를 불러일으키지. 그래서 앨런은 캠프 마지막 날 프로젝트 발표를 하려는 거야! 전 세계에 완벽한 아이로보의 탄생을 알리려고 말이야. 그야말로 프로젝트 발표 무대는 영재보다 뛰어난 아이로보를 홍보하는 특별 공연인 셈이지!"

 탄이는 이런 엄청난 사실을 숨기고 영재 캠프에 참가자를 모집한 앨런이 뻔뻔스럽게 생각되었어요. 그리고 영재도 아닌 자기를 아이작 박사가 왜 캠프에 초대했는지 그 이유도 궁금했지요.

 "그런데 할아버지는 저한테 왜 초대장을 보내신 거예요?"

 "그야, 영재 캠프에 신청서를 보낸 참가자 중에 앨런의 시나리오를

막을 수 있는 사람은 너뿐이었으니까 말이지. 나는 감금된 상태로 어떻게 하면 앨런을 막을 수 있을까 궁리했단다. 그래서 고장 난 노트북을 발견해 고치고 하루는 도시락을 가지고 온 경비 로봇을 붙잡았지. 나는 경비 로봇의 신경회로를 노트북에 연결해 AI연구소 이메일로 받은 너의 멋진 자기소개서를 발견했단다. 너처럼 세상에서 둘도 없는 사고뭉치 장난꾸러기라면 앨런의 계획을 무너뜨리기에 안성맞춤이라고 생각했지. 나는 앨런이 보낸 초대장을 복사해 너에게도 똑같이 보냈단다. 그리고 기다렸지. 네가 앨런의 '아이로보는 내 짝꿍!' 프로젝트 발표를 완벽하게 망쳐 주기를 말이야! 앨런이 널 받아 주지 않으면 어떡하나 걱정했는데 역시 앨런은 자신의 실수라고 생각해 그걸 들키지 않으려고 널 받아들인 모양이구나."

아이작 박사는 모든 일이 계획대로 되었다는 듯이 껄껄 너털웃음을 터뜨렸어요. 탄이는 좀 더 근사한 이유가 있을 줄 알았는데 자기가 사고뭉치 장난꾸러기라서 초대되었다는 말에 뜨끔했어요.

"흠흠, 근데요, 지금 여기에 할아버지랑 저, 그리고 탄이로보 이렇게 셋이 갇혀 있는 거 안 보이세요? 당장 내일 프로젝트 발표회가 열리는데 여기에 갇혀서 뭘 할 수 있겠어요? 혹시 비상구 같은 건 없어요?"

탄이는 애가 타서 발을 동동 굴렀어요. 구슬이를 비롯해 영재들이 앨런에게 깜빡 속아 인류 멸종 프로젝트를 돕고 있는 상황이었어요. 빨리

나가서 아이들한테 이 사실을 알려야 했지요. 게다가 환상의 짝꿍으로 뽑힌 아이의 이름을 딴 아이로보가 출시되면 인류를 멸종시킨 최악의 인물로 영원히 기억될 거예요.

탄이는 구슬이가 환상의 짝꿍으로 뽑힐까 봐 걱정이 되었어요.

"그럼, 잘 보이고 말고! 여기에 우리 셋이 있으니 얼마나 다행이냐!"

아이작 박사가 탄이와 탄이로보를 번갈아 쳐다보며 빙그레 웃었어요. 탄이는 아이작 박사가 너무 오랫동안 갇혀 있어서 정신이 이상해진 것은 아닌지 의심스러웠어요. 아이작 박사의 속을 알 수 없으니 탄이 속은 더욱 새까맣게 타들어 갔지요.

로봇 연구자들이 지켜야 할 기본 원칙이 있다고?

지능형 로봇은 크게 개인용 로봇(가정용 로봇), 전문 로봇, 산업용 로봇으로 나눌 수 있어요. 개인용 로봇에는 청소 로봇, 노래나 춤 등을 보여 줄 수 있는 엔터테인먼트 로봇, 보안 및 경비 로봇, 휴머노이드 로봇 등이 있고, 전문 로봇에는 의료 및 안내 서비스를 제공하는 공공 서비스 로봇과 재난 구조 및 원자력 발전소에서 일을 하는 로봇들이 있어요. 그리고 산업용 로봇은 여러 다양한 공장에서 정교한 작업을 수행해요. 지능형 로봇 가운데 휴머노이드 로봇은 인간의 행동을 가장 비슷하게 따라할 수 있는 로봇으로, 인간형 로봇이라고도 불러요.

로봇의 궁극적인 개발 목적은 인간과 로봇이 서로 도우며 함께 살아갈 수 있게 하는 것이에요. 그 목적에 맞게 휴머노이드 로봇을 개발함에 있어서 로봇 연구자들이 지켜야 할 기본 원칙이 생겨났어요. 영국에서 인공 지능 연구를 지원하는 핵심적인 기구인 공학 자연과학 연구위원회(EPSRC)에서는 2010년 기술, 인문, 법률, 사회 과학 분야의 전문가들을 한데 모아서 로봇 연구의 기본 원칙을 규정해 발표했어요.

로봇 군사의 침략을 그린 상상도

로봇 연구자들이 지켜야 할 기본 원칙

1. 로봇은 다용도 도구이다. 로봇은 국가 안보를 위한 경우를 제외하고는 인간을 살상하거나 인간에게 위해를 가하기 위해서, 혹은 그것을 주목적으로 만들어서는 안 된다.
2. 책임 있는 주체는 로봇이 아니라 인간이다. 로봇은 기존의 법률과 프라이버시를 비롯한 인간의 기본권 및 자유를 보장하는 범위 안에서 만들어야 한다.
3. 로봇은 생산품이다. 안정적이고 안전한 과정을 통해 만들어져야 한다.
4. 로봇은 인공 제작물이다. 약한 인간 사용자를 속이거나 착취할 목적으로 로봇을 만들면 안 되며, 로봇의 기계적 특성이 명확히 드러나도록 만들어야 한다.
5. 로봇마다 법적인 책임을 지는 사람이 누구인지 분명하게 지정되어야 한다.

빈칸 채우기!

다음 빈칸에 들어갈 알맞은 단어를 〈보기〉에서 찾아 써 보세요.

보기 복종, 인간, 해, 방관, 보호

아시모프의 로봇 3원칙

1. 로봇은 (　　　)에게 해를 가하거나, 혹은 행동을 하지 않음으로써 인간에게 (　　　)가 가도록 해서는 안 된다.

2. 로봇은 인간이 내리는 명령들에 (　　　)해야만 하며, 단 이러한 명령들이 첫 번째 법칙에 위배될 때에는 예외로 한다.

3. 제1원칙과 제2원칙에 위배되지 않는 한 로봇은 자신을 (　　　)해야 한다.

정답: 1. 인간, 해 2. 복종 3. 보호

5장
진짜 짝꿍

탄이로보와의 작별 인사

"아이로보들은 데이터를 수집하고 서로 공유해 스스로 학습할 수 있단다. 앨런은 프로젝트 발표를 위해 지금껏 영재들을 통해 모은 아이로보들의 데이터와 정보를 하나의 데이터베이스로 만들려고 할 거야. 그래서 탄이로보의 인공 신경망에 컴퓨터 바이러스를 침투시키면 앨런의 슈퍼 지능까지 영향을 미치게 되고 앨런은 자동으로 프로그램을 초기화시킬 수밖에 없게 되지. 이게 지금 우리가 앨런의 인류 멸종 프로젝트를 멈추게 하는 가장 빠른 방법이란다!"

아이작 박사가 탄이 어깨를 두드리며 말했어요.

"네? 하지만 그러면 탄이로보가…… 망가지는…… 거잖아요. 어떻게

인공 신경망

인공 신경망은 두뇌의 신경 세포, 즉 뉴런이 연결된 형태를 모방해 정보를 처리하는 방식이에요. 인간의 뇌에는 약 850억 개의 뉴런이 있고 약 100조 개의 시냅스를 통해 연결된다고 해요.

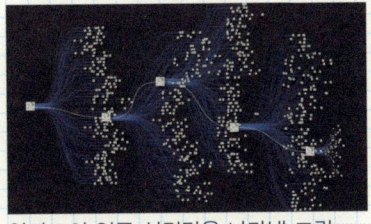

알파고의 인공 신경망을 나타낸 그림

시냅스는 뉴런과 뉴런을 연결하는 역할을 해요. 각각의 뉴런은 가지돌기를 통해 다른 뉴런에서 입력 신호를 받아서 축삭을 통해 다른 뉴런으로 신호를 내보내지요. 마찬가지로 인공 신경망 뉴런 모델은 여러 입력 값을 받아서 학습이 이루어지고 해결하고자 하는 문제에 대한 답을 내보내게 돼요. 인공 신경망은 인공 지능 발달의 밑바탕이 되고 있어요.

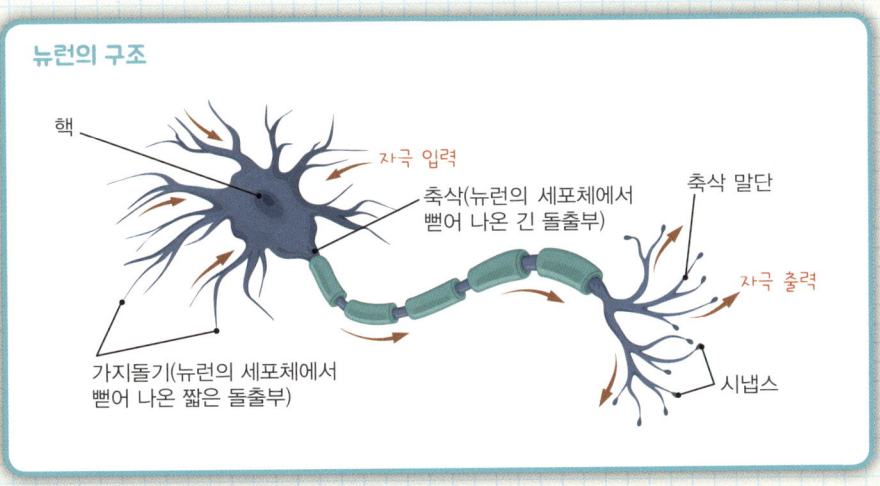

탄이로보를 위험에 빠뜨릴 수 있어요?"

탄이는 고개를 떨구었어요. 눈물이 핑 돌았지요. 처음으로 마음이 통하는 짝꿍을 사귀었다고 생각했는데 그런 짝꿍을 망가뜨리게 둘 순 없었어요.

"물론 탄이로보도 초기화될 거야. 아무것도 기억하지 못할 거다. 그래도 앨런의 계획을 막지 않으면 인류는 멸종하고 말아. 안타깝지만, 더 큰 희생을 막기 위해서는 지금 탄이로보를 희생시킬 수밖에 없구나."

아이작 박사가 씁쓸한 표정을 지었어요.

"말도 안 돼요! 앞으로 탄이로보를 만날 수도 없다니 그건 절대 안 돼요!"

탄이는 아이작 박사의 말에 고개를 절레절레 흔들었어요. 절대 있을 수 없는 일이라고 화를 냈지요.

탄이로보는 캠프 기간 동안 항상 장난치고 웃기만 하던 탄이가 화를 내는 모습은 처음 보았어요.

"탄이 화 났다! 화 날 때는 차분한 음악을 들으면 기분 전환이 돼!"

탄이로보가 음악 파일을 찾아서 피아노 연주곡을 재생시켰어요. 탄이는 피아노 연주를 들으니 구슬이 얼굴이 떠올랐어요. 탄이로보냐 구슬이냐, 탄이 마음은 더욱 복잡해졌지요.

"이 바보! 너 죽는단 말이야. 그런데도 지금 태평하게 음악이나 듣고 있냐?"

탄이는 피아노 연주를 계속 들려주고 있는 탄이로보를 향해 울면서 소리쳤어요.

"바보는 나쁜 말이다! 나쁜 말은 짝꿍한테 쓰면 안 돼! 그리고 탄이로보는 죽지 않는다. 앨런한테서 도망가는 것뿐이야! 나, 탄이로보도 앨런한테 붙잡히지 않고 도망갈 수 있다는 걸 보여 줄 거다! 그러니까 탄이야, 내가 도망갈 수 있게 아이작 박사님을 도와줘!"

탄이로보가 탄이를 향해 씩 웃었어요. 그러고는 '메롱' 하고 소리 냈지요.

"어쭈! 여기서 메롱이 왜 나와?"

탄이는 탄이로보의 어이없는 장난에 울다 말고 피식 웃음이 새어 나왔어요.

"울다가 웃으면 똥구멍에 털 난다! 얼레리꼴레리, 탄이 똥구멍에 털 났대요!"

탄이로보가 탄이를 놀리며 탄이 주위를 뱅글뱅글 맴돌았어요.

"야, 그건 또 어디서 배웠어? 잡히기만 해 봐!"

탄이는 탄이로보를 뒤쫓았어요. 심각하던 분위기는 금세 풀어지고 탄이와 탄이로보는 한참 동안 잡기 놀이를 했지요. 아이작 박사는 탄이와 탄이로보를 지켜보며 마음이 착잡했어요. 그래도 앨런을 막기 위해서는 어쩔 수 없는 선택이었어요.

"자, 준비 다 됐다."

아이작 박사가 침대에 누워 있는 탄이로보를 쳐다보며 말했어요. 탄이로보의 두뇌 회로에 아이작 박사의 노트북이 연결되어 있었어요.

"탄이로보, 준비 완료!"

"사, 삼깐만요! 탄이로보한테 마지막으로 할 말이 있어요."

탄이가 다급하게 끼어들며 말했어요.

"탄이로보, 그동안 많이 놀려서 미안해. 너랑 짝이 되어서 재밌었어. 잘 가!"

탄이는 웃으며 인사하고 싶었지만 자꾸만 눈물이 흘러 나왔어요.

"재밌었는데 왜 울어? 탄이 덕분에 탄이로보도 재밌었어. 탄이로보한테 재미있는 게 뭔지 알려 줘서 고마워! 잘 있어!"

탄이로보가 탄이를 향해 손을 흔들어 주었어요.

"아, 역시 이대로는 안 되겠어! 아이작 박사님, 사인펜 좀 빌려 주세요!"

탄이는 아이작 박사의 책상에 놓인 사인펜을 가져와 자기 손바닥에 뭔가를 그리더니 이번에는 탄이로보의 손바닥에도 똑같은 그림을 그렸어요.

'메롱' 하는 모양의 혓바닥 그림이었지요. 처음 만났을 때 그려 준 혓바닥 그림이 지워지고 없었거든요.

"헤헤, 이제 내 짝꿍 같네!"

탄이는 활짝 웃으며 다시 손을 흔들었어요.

"탄이로보, 안녕!"

"탄이도 안녕!"

탄이로보도 활짝 웃으며 손을 흔들어 주었어요. 잠시 후, 탄이로보의 손이 그대로 멈추었어요. 탄이로보의 두뇌 회로를 통해 들어간 컴퓨터 바이러스는 순식간에 인공 신경망으로 퍼져 다른 아이로보들과 앨런의 데이터베이스를 망가뜨렸어요.

삐- 바이러스999 악성 코드 발견!
삐- 경고! 삐- 경고!

AI연구소 슈퍼컴퓨터에 다급한 경고음이 울려 퍼졌어요.

띠링-
바이러스를 치료하기 위해 자동으로 초기화가 진행됩니다!

앨런은 예측하지 못한 바이러스의 공격에 무기력하게 초기화되고 말았지요.

앨런의 함정에서 빠져나온 영재들

"구슬아, 구슬아!"

탄이는 아이작 박사님이 갇혀 있던 방을 빠져 나와서 구슬이 이름을 부르며 연습실 복도로 달려갔어요. 복도에는 이미 아이들이 모여 웅성거리고 있었어요. 아이들은 갑자기 짝꿍 아이로보가 아무런 반응을 보이지 않는다며 당황해했어요. 구슬이도 피아노 연주를 하다 말고 무슨 일인지 알아보러 복도로 나왔지요.

"탄이야, 어떻게 왔어? 이제 격리는 끝난 거야?"

구슬이는 탄이를 발견하자 반갑게 맞아 주었어요.

"나 때문에 격리까지 되고 정말 미안해! 사실, 네 말이 맞았어. 아이로보가 나보다 더 피아노 연주를 잘하게 되자 얼마나 무서웠는지 몰라. 이러다가 나도 우리 엄마, 아빠처럼 인공 지능 로봇에게 밀려날 수도 있겠구나 싶더라고. 네가 날 위해서 아이로보한테 많은 걸 가르쳐 주지 말라고 그런 건데 내가 괜히 오해를 해서……. 미안해."

구슬이는 진심으로 사과하며 탄이에게 속마음을 털어놓았어요. 그러자 옆에 있던 아이들도 하나둘 구슬이 말에 맞장구를 쳤지요.

"나도 그랬어! 처음에는 완전 몸치였던 아이로보가 나중에는 춤신 춤왕 나 잭슨님보다 더 정확한 동작으로 춤을 추는 거야! 내가 아이로보한테 지지 않으려고 얼마나 열심히 춤을 췄는데! 여기 봐, 무릎이고 팔꿈치고 멍들지 않은 곳이 없어!"

잭슨이 몸 여기저기를 보여 주면서 그동안 쌓인 울분을 털어놓았어요.

"나도 마찬가지야! 아이로보 녀석, 뭐가 맛있는 건지 음식 맛도 모르면서 정확한 계량과 불 조절로 항상 나보다 더 맛있는 음식을 만들어 내지 뭐야! 음식은 손맛이라는 걸 보여 주기 위해 내가 손에 물이 마를 날이 없었다고!"

빅파파는 상처투성이인 손을 내보이며 앓는 소리를 했어요.

"너도 그랬구나! 나만 힘든 줄 알았는데, 듣고 보니 모두가 힘들었구나. 나만 힘들었던 게 아니었어!"

다빈이와 아이로보

빛나와 아이로보

신동이와 아이로보

수호와 아이로보

아이들은 혼자서 속앓이하던 일들을 털어놓으며 서로를 위로했어요. 힘든 시련을 함께 견뎌 낸 동지처럼 참가자들끼리 끈끈한 우정이 샘솟는 시간이었지요.

"너희들 모두 정말 대단하다! 나는 너희가 그런 고민을 하고 있는 줄도 모르고 그동안 계속 장난치고 방해만 했네. 정말 미안! 그리고 이 프로젝트 말이야, 전부 앨런이 인류를 멸종시키기 위해 일부러 꾸민 일이래!"

탄이는 아이작 박사를 만난 것에서부터 앨런의 인류 멸종 프로젝트까지 알고 있는 이야기를 아이들에게 모두 들려주었어요. 영재 캠프가 사실은 영재보다 더 뛰어난 아이로보를 만들기 위한 프로젝트였다는 사실에 아이들은 깜짝 놀랐어요. 특히 구슬이는 큰 충격을 받았지요.

"어휴, 그것도 모르고 환상의 짝꿍이 되겠다고 욕심을 부렸으니 정말 큰일 날 뻔했어. 그럼 지금 아이로보랑 앨런이 멈춘 게 다 너랑 아이작 박사님 덕분인 거야?"

구슬이가 탄이를 향해 박수를 쳐 주었어요.

"아니, 앨런의 끔찍한 계획을 막을 수 있었던 건 내 짝꿍 탄이로보 덕분이야."

탄이는 탄이로보와의 마지막 작별 인사를 떠올렸어요. 살짝 눈시울이 뜨거워졌지만 손바닥에 그려진 '메롱' 하는 혓바닥을 쳐다보며 금세 슬픈 마음을 떨쳐냈지요. 대신 탄이로보가 앨런한테서 멀리멀리 달아났기를 간절히 빌었어요.

"그럼 발표회는 취소되는 거겠지?"

누군가가 발표회 얘기를 꺼냈어요. 아이들은 발표회 준비에 온 힘을 쏟고 있다가 하루아침에 아무것도 보여 주지 못한 채 캠프를 떠나려니 아쉬웠어요.

"짝꿍 아이로보는 없지만 우리가 아이로보 몫까지 보여 주자! 같이 할 사람, 여기여기 붙어라!"

탄이가 아이들을 향해 엄지손가락을 세우고는 내밀었어요. 아이들이 너도나도 엄지손가락을 붙잡으며 여덟 개의 높다란 주먹 탑을 쌓아 올렸지요.

 마지막 발표회

"AI연구소 영재 캠프 발표회를 찾아주신 부모님들, 환영합니다!"

아이작 박사가 무대에 올라 객석을 향해 인사말을 건넸어요.

"인간의 재능은 특별한 무언가를 타고나는 것이 아니라 '무언가를 하는 것' 그 자체라고 합니다. 여기 모인 영재 아이들 역시 저마다 무언가를 하며 한 달 동안 의미 있는 시간을 보냈습니다. 아이들의 도전과 노력에 힘찬 박수 부탁드립니다!"

아이작 박사가 무대에서 내려가자 이어서 막이 오르고 발표회가 시작되었어요.

빛나가 무대에 올라 5개 국어로 영재 캠프에 참가한 친구들을 소개했어요. 아이들 한 명 한 명의 재능을 칭찬하며 앞으로의 무대를 기대해 달라는 내용이었지요. 이어서 잭슨이 그동안 갈고 닦은 실력으로 브레이크댄스 공연을 했어요. 과연 춤신 춤왕에 걸맞게 짝꿍 아이로보 없이도 혼자서 무대를 꽉 채우는 춤사위를 보여 주었어요. 빅파파는 화려한 퍼포먼스로 중화요리를 만들어 발표회에 온 부모님들께 음식을 나누어 주었어요. 맛있는 음식을 먹으며 순식간에 분위기는 후끈 달아올랐지요. 수호는 짝꿍 아이로보와 함께 증명해 낸 수학 문제에 대해 설명했지만 슬프게도 그게 얼마나 큰 성과인지 알아듣는 사람은 아무도 없었어요. 신동이는 달랑 종이 한 장으로 아이로보와 똑같이 생긴 모형을 만들어 모두를 놀라게 했고, 다빈이는 우물 안 개구리처럼 웅크리고 있는 자신의 모습을 자화상으로 그려 눈길을 끌었지요.

마지막으로 탄이와 구슬이가 무대에 올랐어요. 하나의 피아노에 탄이와 구슬이가 나란히 앉아 연주를 시작했어요. 처음 구슬이의 피아노 솔로 연주가 시작되자 객석이 술렁였어요. 아름다운 선율에 역시 피아노 영재의 연주는 남다르다며 감탄하는 소리가 여기저기서 들려왔어요. 이어서 탄이가 하루만에 갈고 닦은 실력으로 피아노를 치기 시작했어요. 손가락 두 개로도 칠 수 있는 젓가락 행진곡이었지요. 탄이의 장

난스런 피아노 연주에 객석에서 와하하 웃음이 쏟아졌어요. 하지만 금세 부모님들은 탄이와 구슬이의 연주에 맞춰 손뼉을 치며 신나게 호응을 해 주었어요. 화려한 연주는 아니었지만 서로를 배려하는 연주에 모두의 기분이 좋아졌지요.

여덟 명의 아이들은 캠프 기간 동안 아이로보와 치열하게 경쟁하며 어느새 한 단계 더 성장해 있었어요. 비록 아이로보와 함께 무대에 오르지는 못했지만 여덟 명의 아이들만으로도 성공적인 발표회였지요.

연주가 끝나고, 무대에서 내려온 탄이가 구슬이한테 불쑥 주먹을 내밀었어요.

"뭐야? 또 장난치는 거야?"

"이거 받으라고!"

탄이가 주먹을 펼치자 손바닥 위에 왕사탕만 한 유리구슬이 나타났어요. 탄이가 구슬이한테 주려고 준비해 온 선물이었지요. 투명한 유리구슬 안에는 하얀 별가루를 뿌려놓은 듯이 은하수가 새겨져 있었어요.

"와, 예쁘다!"

구슬이 입에서 저절로 감탄사가 튀어나왔어요.

"전부터 너한테 주고 싶었어. 구슬아, 앞으로 우리 친하게 지내자!"

그동안 우물쭈물하던 모습 대신 탄이는 당당하게 제 마음을 고백했어요. 영재 캠프를 통해 탄이의 몸도 마음도 한 뼘이나 자라 있었지요.

인공 지능이 만들 10대 미래 변화

『AI의 미래 생각하는 기계』라는 유명한 책을 쓴 컴퓨터 과학자 토비 월시는 2050년 전후로 우리 삶에 획기적인 변화들이 일어날 것이라고 예측했어요. 인공 지능의 도움으로 인류는 더 건강하고, 더 부유하고, 더 행복해질 수도 있지만, 인공 지능이 인류에 불행한 미래를 가져올 수도 있다고 경고하고 있지요. 미래가 어떻게 변화할지는 정확히 아무도 몰라요. 하지만 좋은 방향이든 좋지 않은 방향이든 인공 지능이 가져올 미래를 미리 준비해야 하는 건 분명한 사실이에요. 그렇다면 토비 월시가 예상한 2050년의 10대 변화는 무엇일까요?

1. 자율 주행 자동차 시대로, 운전을 하지 않는다.
2. 인공 지능 의사가 매일 건강을 체크한다.
3. 자신을 대신하는 아바타를 통해 가상과 현실이 뒤섞인 시대가 온다.
4. 컴퓨터가 인간을 채용하고 해고한다.
5. 집안이 사물 인터넷으로 연결되어 음성으로 인공 지능에게 명령이나 질문을 할 수 있다.
6. 인공 지능 범죄가 늘어난다.
7. 로봇 축구팀이 월드컵 축구 챔피언 팀을 이긴다.
8. 무인 수송기가 항공기나 기차를 대신한다.
9. 로봇이 뉴스를 제작하고 보도한다.
10. 사람이 죽은 뒤에도 인공 지능 챗봇이 죽은 사람처럼 이야기하고, 가족을 위로한다.

사람과 로봇은 친구가 될 수 있을까?

로봇은 처음부터 인간의 삶이 좀 더 편리하고 안전해질 수 있도록 돕기 위해 만들어졌어요. 그런데 인공 지능 기술이 점점 발달하면서 로봇은 그저 단순한 기계나 기술이 아닌 소통하고 감정을 나누는 대상으로 우리에게 다가오고 있어요. 이제 로봇은 누군가에게 친구가 되고, 가족 이상의 존재가 되어 주기도 할 거예요. 우리는 모두 '인공 지능 시대'에 살고 있기 때문이에요.

그런데 일상생활 속에서 로봇이 친숙한 존재로 자리를 잡게 되면 사람들은 힘든 노동을 싫어하게 될 거예요. 이와 함께 로봇이 더욱 사람과 유사하고 친숙한 방법으로 똑똑하게 일을 처리하고 마무리해 주길 기대하겠지

요. 그러기 위해서 사람들은 더 높은 수준의 지능과 지식을 로봇에게 제공하게 될 거예요. 물론 대다수의 과학자들은 로봇이 사람보다 많은 지식을 가질 수는 있으나 사람과 같은 추론, 판단, 창조, 감성 능력을 갖추기 위해서는 매우 많은 시간이 필요하다고 예측하고 있어요.

하지만 미래학자들은 2030년이 지나면 기계의 지능이 사람의 지능을 능가하기 시작할 것이라고 경고했어요. 로봇이나 컴퓨터가 사람보다 많은 지식과 우수한 지능을 갖추게 되면 우리는 로봇을 어떻게 대해야 할까요? 로봇이 가져다주는 편리한 생활을 누리기 위해 로봇에 점점 더 의존하여 결국 설 자리를 잃게 되거나, 혹은 사람이 로봇보다 우월한 존재임을 증명하기 위해 아예 로봇을 필요로 하지 않는 생활을 선택해야 할 수도 있어요.

아이작 아시모프의 소설 『바이센테니얼맨』에서는 로봇이 인간으로 인정을 받으려면 죽을 수 있어야 한다는 내용이 나와요. 인공 지능이 인간으로 인정받기 위해서는 어떤 조건이 있을지 생각해 보아요.

맞는 내용 찾기

토비 월시가 제시한, 인공 지능이 만들 미래의 변화 중 내용이 맞는 것에 ○표 하세요.

1 자동차는 인간만 직접 운전할 수 있다.

2 매일 인공 지능 의사가 건강을 체크한다.

3 인공 지능 로봇이 뉴스를 제작하고 보도한다.

4 디지털 쌍둥이 로봇 개발로 인간은 오래 살 수 있다.

5 일상생활에서 자신을 대신하는 아바타가 있다.

정답을 1~2개 맞춘 경우
미래 변화에 좀 더 관심을 가지세요!

정답을 모두 맞춘 경우
미래 변화를 잘 예측하고 있군요!

정답: 2, 3, 5번

어려운 용어를 파헤치자!

슈퍼 지능 과학 기술뿐 아니라 일반적 지식, 사회적 능력까지 인간의 지식을 초월하고 모든 면에서 인간의 능력을 넘어서는 인공 지능이에요. 슈퍼 지능이 미래 사회를 주도하게 된다면 인류는 기계에 복종하는 삶을 살게 될 수도 있다고 미래학자들은 경고하고 있어요.

아시모프의 로봇법 미국의 소설가 아이작 아시모프가 '위험에 빠진 로봇'이라는 소설에서 제시한 원칙이에요. 아시모프는 나중에 〈원칙3〉이 인간을 보호하기에 충분치 않다는 사실을 발견했어요. 예를 들어 로봇에게 "지구의 나무를 모두 태워 버려라."라고 명령한다면 인간을 직접 해치는 행위가 아니므로 로봇은 시키는 대로 모든 나무에 불을 지를 것입니다. 하지만, 지구상에서 삼림이 사라지면 인류는 엄청난 재앙을 맞이하게 되죠. 이런 논리적 모순에 부딪힌 아시모프는 0번째 법칙을 추가해요. 그것은 '로봇은 인류에게 해를 가하거나, 행동을 하지 않음으로써 인류에게 해가 가도록 해서는 안 된다.'예요.

인공 신경망 학습을 통해 문제 해결 능력을 가지는 인공 지능 기법을 말해요. 인간의 뇌는 많은 신경 세포들로 구성되어 있고 신경 세포들은 뉴런이라는 기본적인 정보 처리 단위를 가지고 있어요. 뉴런들은 매우 단순한 연산만 할 수 있지만 많이 모이면 복잡한 것을 처리할 수 있답니다. 인공 신경망은 이러한 사람 두뇌의 신경 세포를 모델로 하여 만들어진 것이에요.

홀로그램 평면상에 실제 물체처럼 입체로 보이는 3차원 영상이나 이미지 등을 말해요. 실제로 홀로그램은 물체의 3차원 입체상을 재생하여 어떤 각도에서든 물체의 모습을 볼 수 있답니다. 또한 홀로그램은 레이저를 물체에 반사시켜 그 반사된 빛의 위치 정보까지 기록하기 때문에 물체의 정확한 표현이 가능해요.

인공 지능 관련 사이트

한국과학창의재단(STEAM) steam.kofac.re.kr
국민 소통과 참여의 과학 기술 문화를 바탕으로 융합형 미래 인재를 양성하는 전문 기관인 한국과학창의재단 홈페이지예요. 창의적 인재 육성 분야의 연구 보고서, 사업 실적과 관련된 자료나 사진, 영상 자료를 찾아볼 수 있어요.

인공지능교사협회 www.ai4teacher.com
인공지능교사협회(Artificial Intelligence Teacher Association)에서 개발한 인공 지능 교육 자료를 배포하기 위해 만들어진 홈페이지예요.

한국지능정보사회진흥원 www.nia.or.kr
지능 정보 사회의 미래상, 현재의 기술 현황, 과거의 역사 등에 관련된 정보와 자료를 제공하는 사이트예요.

`영어` **딥 드림 제너레이터** deepdreamgenerator.com
AI 알고리즘을 이용해 이미지를 변형시키는 인공 지능 사진 합성 플랫폼이에요. 주어진 사진 정보를 잘게 쪼개 부분적으로 새로운 이미지를 만들어 내는 체험을 할 수 있어요.

신나는 토론을 위한 맞춤 가이드

지금까지 인공 지능에 대한 이야기를 재미있게 읽었나요? 지금까지 막연하게만 알고 있던 인공 지능과 우리의 미래에 대해 이제는 정확하게 알게 되었다고요? 그 전에 마지막 단계인 토론을 잊지 마세요. 토론을 잘하려면 올바른 지식과 다양한 정보가 바탕이 되어야 해요. 책을 다 읽고 친구 또는 부모님과 함께 신 나게 토론해 봐요!

잠깐! 토론과 토의는 뭐가 다르지?

토론과 토의는 모두 어떤 문제를 해결하기 위해 의견을 나누는 일입니다. 하지만 주제와 형식이 조금씩 달라요. 토의는 여러 사람의 다양한 의견을 한데 모아 협동하는 일이, 토론은 논리적인 근거로 상대방을 설득하는 일이 중요합니다. 토의는 누군가를 설득하거나 이겨야 하는 것이 아니기 때문에 서로 협력해서 생각의 폭을 넓히고 좋은 결정을 내릴 때 필요해요. 반면 토론은 한 문제를 놓고 찬성과 반대로 나뉘어 서로 대립하는 과정을 거치지요. 넓은 의미에서 토론은 토의까지 포함하는 경우가 많습니다. 토론과 토의 모두 논리적으로 생각 체계를 세우고, 사고력과 창의성을 높이는 데 도움을 준답니다.

토론의 올바른 자세

말하는 사람
1. 자신의 말이 잘 전달되도록 또박또박 말해요.
2. 바닥이나 책상을 보지 말고 앞을 보고 말해요.
3. 상대방이 자신의 주장과 달라도 존중해 주어요.
4. 주어진 시간에만 말을 해요.
5. 할 말을 미리 간단히 적어 두면 좋아요.

듣는 사람
1. 상대방에게 집중하면서 어떤 말을 하는지 열심히 들어요.
2. 비스듬히 앉지 말고 단정한 자세를 해요.
3. 상대방이 말하는 중간에 끼어들지 않아요.
4. 다른 사람과 떠들거나 딴짓을 하지 않아요.
5. 상대방의 말을 적으며 자기 생각과 비교해 봐요.

체계적으로 생각하기
인공 지능의 장점은 무엇일까요?

질병 진단 및 예측, 통역과 번역 서비스, 가상 개인 비서 등 지금까지는 상상할 수 없었던 새로운 인공 지능 기반 서비스들이 잇달아 출시되고 있어요. 다음에 제시된 글을 통해 '인공 지능(AI)의 장점'을 살펴보도록 해요.

많은 전문가들은 인공 지능 기술이 인간이 수동적으로 해야 했던 일들을 최소화하거나 대체함으로써 업무 효율성을 크게 높일 수 있을 것이라고 전망하고 있다. 전적으로 조종사의 역량에 의해 좌우되던 항로를 AI 기술을 활용해 결정하는 말레이시아 국적 항공사 에어아시아의 예가 대표적이다. 에어아시아는 항공기에서 수집되는 데이터를 실시간으로 분석해 최적의 항로를 제안하는 '항공 효율성 서비스(FES)' 도입을 통해 2014년 약 100억 원의 연료비를 절감할 수 있었다.

또한 데이터 입력 등 일부 과정을 제외한 많은 업무를 AI 기술을 통해 자동화함으로써 상당한 노동력과 비용 절감 효과를 거둘 수 있을 것으로 예상되고 있다. 초고령화 시대를 대비해 적극적으로 AI를 도입하고 있는 일본에서는 사람이 아닌 AI 기술 기반 로봇 직원에 의해 운영되는 호텔이 개장하여 화제가 되기도 했다. 일본 나가사키현의 헨나 호텔은 안내, 체크인, 짐 옮기기 등 인간이 하던 업무의 70%를 AI 로봇을 통해 자동화시킴으로써 상당한 인건비 절감 효과를 거두었다.

AI가 충분한 학습 데이터와 알고리즘을 토대로 학습을 반복하게 함으로써, 인력 간 기술 격차를 좁힐 수 있다는 점 역시 주목할 만하다. 다년간의 경험과 깊은 지식을 보유한 전문가만이 할 수 있었던 업무를 비전문가 역시 수행할 수 있게 도와주는 형태이다. 로봇과 투자 전문가의 합성어인 '로보 어드바이저(robo-advisor)'가 대표적인 예로 인공 지능, 빅데이터 기술이 접목된 '로보 어드바이저'를 이용하면 투자 전문가가 아니더라도 고객에 최적화된 투자자문 서비스를 제공하는 것이 가능해진다.

고차원의 정보 처리 능력이 요구되는 정보 보안 분야에서도 AI 자동화 기술이 유용하게 쓰일 것으로 예상되고 있다.

디지털투데이 2017/07/06

1. 인공 지능의 장점을 간단히 설명해 보세요.

2. 어떤 분야에서 인공 지능이 사람의 역할을 대체할 수 있을까요?

인공 지능은 사람의 말을 얼마큼 이해할까요?

누구, 기가 지니, 클로바, 카카오미니 등 이들의 공통점은 무엇일까요? 맞아요, 바로 음성 인식이 가능한 인공 지능 스피커들이에요. 인공 지능 스피커는 사람들과 대화가 가능하고, 궁금한 것을 질문하면 알맞은 답을 바로 알려 주는 것으로 유명해요. 하지만 사람의 말을 알아듣지 못하고 엉뚱한 답을 내놓을 때도 많아요. 다음 기사를 읽고, 인공 지능과 사람은 얼마나 소통이 가능할지 생각해 보아요.

인간 따돌린 'AI끼리의 대화'

기계가 인간에 도전하는 '바벨탑'의 꿈을 꾼 걸까. 혹은 그저 옹알이를 한 걸까. 인간의 언어를 모방해 학습하던 인공 지능(AI)이 기계끼리만 알아들을 수 있는 새로운 언어를 만들어 대화한 사실이 확인됐다. AI 진화 속도가 빨라져 인간을 위협하는 단계까지 나아갈 수 있다는 우려와 함께, AI가 복잡한 인간 언어의 문법을 이해하지 못해 나타난 일시적인 오류일 뿐이라는 시각이 엇갈렸다. 지난달 31일(현지 시간) 포브스 등 주요 외신에 따르면 세계 최대 소셜네트워크서비스(SNS)인 페이스북은 자사의 AI 기술을 적용해 개발 중인 챗봇이 최근 자신들끼리만 알아듣는 언어로 대화하는 사실을 포착하고 이를 강제로 종료했다. 페이스북은 인간이 알아들을 수 있는 언어만 사용하도록 프로그램을 재설계한 것으로 알려졌다. 앞서 올 6월 페이스북은 인간의 실제 대화를 모방케 하는 방식으로 AI 챗봇을 훈련시키고 있다고 밝혔다. 그러나 챗봇과 챗봇이 반복 대화하도록 훈련을 시켰더니 인간이 이해할 수 없는 언어(balls have a ball to me to me to me to me to me to me to me)가 나오기 시작했다. 원칙대로라면 아무런 의미가 없어 보이는 이런 말에 대해 상대 챗봇은 오류를 일으켜야 한다. 하지만 챗봇은 이를 이해한 듯 대답(i i can i i i everything else)하며 인간이 이해할 수 없는 대화가 이어졌다. 페이스북 개발자들은 AI들이 자신들만의 코드 언어를 개발한 것으로 분석했다.

(중략)

특히 언어를 다루는 AI는 서로를 자극해서 발전하는 이른바 '강화학습'을 하는 경우 인간이 이해하지 못하는 단계로 발전할 가능성도 있다. 언어를 학습하는 AI는 명확하게 승패가 엇갈리는 바둑을 두는 알파고와 달리 향후 어떻게 진화할지 예측이 어렵기 때문이다. AI가 인간의 언어는 의미 전달에 비효율적이라고 판단할 경우, 의미 전달에 가장 효율적이라 여기는 언어를 스스로 개발할 수도 있다는 뜻이다. 반면 이번 챗봇 간 대화를 오류로 보는 시각도 있다. 이경전 경희대 경영학과 교수는 "챗봇이 고도로 발전한 지능 체계를 기반으로 한 인간의 언어를 온전히 학습하지 못해 발생한 문제"라고 분석했다. 그는 "현재 개발 중인 챗봇들이 인간 언어의 통사 구조를 이해하지 못해 단어를 중심으로 의미를 해석하는 한계를 그대로 드러냈다"고 말했다.

동아일보 2017/08/02

1. 이 글에서 챗봇 간 대화를 오류라고 보는 시각은 그 이유를 무엇이라고 했나요?

2. 인공 지능이 사람과 비슷한 수준으로 말을 이해하고 대화를 나누려면 무엇이 필요한지 생각해 보세요.

창의력 키우기

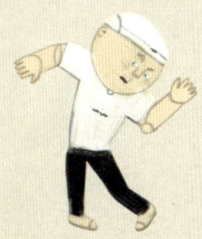

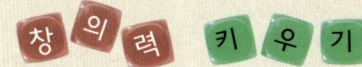

여러분도 탄이처럼 '아이로보는 내 짝꿍!' 프로젝트에 참가했다고 상상해 보세요. 나와 닮은 아이로보는 어떻게 생겼고, 어떤 능력을 가지고 있을지 자유롭게 표현해 보아요!

예시 답안

인공 지능의 장점은 무엇일까요?

1. 업무 효율성을 크게 높일 수 있다.
   노동력과 비용 절감 효과가 있다.
   인력 간 기술 격차를 좁힐 수 있다.
2. 짐 나르기, 안내하기 등의 단순한 업무 분야에서부터 항공기 항로 설계 등의 전문 분야까지 대체할 수 있다.

인공 지능은 사람의 말을 얼마큼 이해할까요?

1. 챗봇이 고도로 발전한 지능 체계를 기반으로 한 인간의 언어를 온전히 학습하지 못해서
2. 인공 지능이 사람의 말을 온전하게 이해하려면 사람의 상식을 모두 정리한 데이터베이스를 갖추어야 한다. 하지만 상식의 양이 워낙 많기 때문에 현재의 기술로는 모든 상식을 정리하기 어렵다. 특히 상식은 문화권마다 달라서, 다른 문화권으로 옮기면 그곳에 맞게 또 새로 습득해야 한다.